수학자의 공부

출판은 사람과 나무 사이에서 이루어지는 가치 있는 일입니다.
도서출판 사람과나무사이는 의미 있고 울림 있는 책으로 독자의 삶을
좀 더 풍요롭게 만들기 위해 최선을 다하겠습니다.

완벽한 몰입을 통해
학문과 인생의 기쁨 발견하기

수학자의 공부

오카 기요시 지음

정회성 옮김

사람과
나무사이

옮긴이 정회성

인하대학교 영어영문학과 초빙교수로 재직하는 한편 문학 전문 번역가로 활동하고 있다. 『피그맨』으로 2012년 IBBY국제아동청소년도서협의회 아너 리스트 번역 부문에 선정되었다. 옮긴 책으로 『어느 수학자의 변명』 『그가 미친 단 하나의 문제, 골드바흐의 추측』 『1984』 『뻐꾸기 둥지 위로 날아간 새』 『에덴의 동쪽』 『휴먼 코미디』 『리브라』 『줄무늬 파자마를 입은 소년』 『해리스 버딕과 열네 가지 미스터리』 『북풍의 등에서』 『뚱보가 세상을 지배한다』 『기적의 세기』 『첫사랑의 이름』 『온 뷰티』 등이 있다.

수학자의 공부

1판 1쇄 발행 2018년 1월 17일
1판 3쇄 발행 2018년 2월 20일

지은이 오카 기요시
옮긴이 정회성
펴낸이 이재두
펴낸곳 사람과나무사이
등록번호 2014년 9월 23일(제2014-000177호)
주소 경기도 고양시 일산서구 강선로 141, 1602동 1504호
전화 (031)815-7176 **팩스** (031)601-6181
이메일 jaedoori@hanmail.net
블로그 http://blog.naver.com/saram_namu
페이스북 https://www.facebook.com/saramnamusai/
표지디자인 박대성
본문디자인 김희연
외부 기획 홍성민

ISBN 979-11-88635-02-3 03100

이 도서의 국립중앙도서관 출판예정도서목록(CIP)은 서지정보유통지원시스템 홈페이지(http://seoji.nl.go.kr)와 국가자료공동목록시스템(http://www.nl.go.kr/kolisnet)에서 이용하실 수 있습니다.(CIP제어번호: CIP2017032441)

추천의 말

나는 성선설이나 성악설을 믿지 않는다. 대신 인간은 동물로 태어나서 올바른 교육과 삶에 의해서만 좀 더 완성된 인간으로 성장한다고 믿는다. 그렇다면 어떻게 미완성된 인간이 더욱 완성된 삶을 살 수 있을까? 저자 오카 기요시의 삶이 바로 그런 삶의 한 예를 보여주기에 이 책은 주목할 만하다. 그는 단순하지만 치열한 삶을 살았다. 밑도 끝도 보이지 않는 어둠 속에서 묵묵히 자신의 길을 걸어갔다. 사유하고 사유하고 또 사유하면서. 그리고 마침내 빛을 찾았고 인류에게 '다변수 복소함수론'이라는 작은 유산을 남겼다.

평생 수학자로 살아왔지만 그의 삶, 문학, 예술에 대한 통찰은 남다르다. 아마도 음미하고 감상하고 사색하는 삶을 살았기 때문일 것이다. 그는 삶을 많이 경험하기보다는 깊이 경험했다. 그의 삶의 방식으로부터 인생의 완성도를 높일 수 있는 귀중한 힌트를 얻을 수 있기에 일독을 권한다.

_황농문(서울대 재료공학부 교수, 베스트셀러 『몰입』의 저자)

오카 기요시 선생은 당대 최고의 수학자일 뿐 아니라 기인으로도 유명했다. 선생은 평소 명상하듯 수학을 연구했다고 한다. 이 책에는 오카 선생의 수학을 대하는 자세와 인생의 지혜가 간결하고 아름다운 문장으로 담겨 있다. 수학자뿐 아니라 학문을 하고자 하는 이라면 누구나 한 번쯤 고민했을 '공부의 본질'에 대한 대가의 대답을 들어보길 권한다.

_김성연(고등과학원 수학난제연구센터 교수. '다변수 복소함수론' 전공. 2015년 '올해의 여성과학기술자상' 수상)

오카 기요시는 이 책 『수학자의 공부』를 통해 궁극적으로 무슨 말을 하고 싶었을까? 갈수록 물질문명이 고도화하고 대립과 갈등이 첨예화해가는 자본주의 사회가 멸망의 길을 걷지 않으려면 인간 문화가 '정서 구조'를 바탕으로 완전히 새롭게 재창조되어야 한다는 메시지를 전하고 싶었던 게 아니었을까?

『수학자의 공부』는 독특하고, 통찰력으로 넘쳐나며, 재미있다. 나는 이 책이 현대인의 필독서가 되어야 마땅하다고 생각한다. 지금 이 순간에도 정서 구조의 파괴가 심각한 수준으로 일어나고 있기 때문이다.

_나카자와 신이치(인류학자)

낭만적인 수학자의 세상에 대한 통찰. 수학의 눈으로 세상을 바라보고 독창적인 언어로 세상을 표현해낸다.

_ 한민기(서울대 수리과학부 대학원생)

이성적이며 차가운 이미지의 수학을 감성적으로 접근하여 전혀 다른 세계를 보여주는 오카 기요시. 그가 다음 세대에 대한 애정 어린 조언을 담아 글을 풀어나간다.

_ 오재성(서울대 수리과학부 대학원생)

수학의 영원성은 이론에만 국한되어 있지 않다는 것을 보여준다. '계산도 이론도 없는' 새로운 차원의 수학이 이 책에 담겨 있다.

_ 변준기(서울대 수리과학부 대학원생)

수학이 인류에게 무슨 득이 되느냐고 묻는 사람에게

— "제비꽃은 제비꽃으로 피어 있으면 그뿐!"

인간의 중심을 이루는 것은 '정서'다. 인간의 정서는 저마다 다양한 색채를 띤다. 이는 봄 들판에 핀 풀꽃이 여러 가지 색을 가지고 있으며, 일조량과 빛의 강도에 따라 시시각각 다른 빛깔을 띠는 것과 같은 이치다.

나는 수학자로서 일생을 살았다. 교토대학을 졸업한 뒤 39년여 동안 한눈팔지 않고 수학 연구에만 매진해왔다. 이런 삶은 앞으로도 계속될 것이다. 수학이란 무엇일까? 수학은 '정서'를 지성이라는 문자판에 표현해내는 학문적 예술의 일종이다. 이 예술을 오래전부터 서양인들은 '수학'이라는 이름으로 명명해왔다.

인간의 정서를 표현하는 일, 여기에는 한 가지 방법이면 족하다. 자연에 순응하며 끊임없이 사색하고 몰입하기. 어떻게 보면, 나는 뭔가 대단한 일을 한 게 아닐지 모른다. 나의 동양적 정서를 프랑스어라는 도구를 사용하여 논문으로 표현한 것 외에 아무 일도 하지 않았을 수도 있다.

이따금 머리를 갸우뚱하며 수학이 인류에게 무슨 득이 되느냐고 묻는 사람들이 있다. 그런 질문을 받을 때마다 나는 이렇게 대꾸한다.

"제비꽃은 제비꽃으로 피어 있으면 되는 것이지, 그것이 봄의 들녘에 어떤 영향을 미치는지 따위는 제비꽃이 상관할 바 아니지 않소?"

이런 관점과 사고방식을 지닌 내가 학문과 인생에 관해 대중을 상대로 구구절절 이야기할 것이 있겠는가. 그런데도 마음을 바꾸어 이런저런 말을 늘어놓는 것을 의아하게 여기는 사람이 있을 수도 있겠다. 글쎄, 그런 의문에 뭐라고 답해야 할까. 우리가 발을 딛고 살아가는 이 사회가 걱정되었기 때문이라고 해야 할까? 아니, 이렇게 말하면 너무 거창해지는 것 같다. 나로서는, 아무튼 내 생각을 말할 수밖에 없었다고 하는 게 맞겠다. 그런 궁싯거림의 결과물이 이 책인 셈이다.

(●이 책은 마이니치 신문사의 마쓰무라 히로시가 내 이야기를 정리하여 엮은 것임을 밝혀둔다.)

_오카 기요시

차 례

제3부 내가 사랑하는 예술

"수학을 배우는 기쁨이란 발견의 기쁨이다!"

_오카 기요시

제1부

수학을 배우고 즐기는 삶

발견의
황홀한 기쁨

사람들은 내게 묻는다. 무엇에 쓰려고 그렇게 열심히 수학을 연구하느냐고. 봄 들녘의 제비꽃은 제비꽃으로 피어 있으면 그뿐이지 않은가. 피어 있는 것의 소용은 제비꽃이 알 바 아니다. 피어 있느냐 피어 있지 않으냐, 중요한 문제는 그것뿐. 나도 마찬가지다. 나로 말하자면, 단지 수학을 배우는 기쁨을 먹고 마시며 살아갈 뿐이다. 수학을 배우는 기쁨을 먹고 마시며 사는 존재일 뿐 그 이상도 이하도 아니다. 수학을 배우는 기쁨이란 '발견의 기쁨'이다.

수학에서 발견의 기쁨이란 무엇일까? 유학을 마치고 돌아온 지 얼마 지나지 않았을 때였다. 나는 다변수 함수론을 전공하리라 마음먹고 있었다. 그 무렵, 하인리히 벵케(Heinrich Behnke, 1898~1979. 독일의 수학자_옮긴이)와 페터 툴렌(Peter Thullen, 1907~1996. 독일의 수학자_옮긴이) 공저의 『다변수 해석수론』이 독일에서 출간되었다. 이 책에는 1929년 이후 나온 논문이 총망라되어 있었다.

마루젠 서점으로 달려가 책을 사서 읽어보았다. 앞으로 내가 개척해 나가야 할 드넓은 땅이 눈앞에 펼쳐져 있었다. 그 책을 통해 세 가지 중심적인 문제가 미해결 상태로 남아 있음을 알았다. 그것들에 도전하고 싶은 마음이 생겼다. 150페이지 분량의 논문을 썼다. 그 논문을 끝까지 정독했는데, 더 쓰고 싶은 마음이 사라졌다. 중심적인 문제를 하나도 다루지 않았다는 사실을 깨달았기 때문이다. 마음속으로 결심했다. 그동안 쓴 논문은 요약해서 발표하고, 이듬해 1월부터 『다변수 해석함수론』에 언급된 미해결 문제에 도전하기로.

내가 근무하던 히로시마 문리과대학에는 관련 문헌이 없었다. 하는 수 없이 교토대학에까지 가서 자료를 찾아야 했다. 그곳에도 없는 자료는 목록에 실린 주요 논문의 요점을 참고하면서 스스로 해결 방법을 모색했다.

두 달 남짓 그 일에 매달리자, 세 가지 문제가 하나의 산맥처럼 명료하게 드러났다. 이듬해 3월부터 그 산맥을 오르기 시작했다. 미해결 문제인 만큼 녹록하지는 않았다. 처음엔 어찌해야 좋을지 알 수조차 없었다. 어디서부터 시작하여 어느 길을 타고 산맥을 올라가야 할지 감을 잡기 어려웠다. 아침마다 방법을 바꾸어 하루가 끝나는 밤까지 시도하고 또 시도했다. 올바른 방법인지조차 판단이 서지 않았다. 며칠을 걸려 문제를 풀어도 그것이 정답인지 오답인지도 알 수 없었다. 낙담하여 한숨짓는 날이 이어졌다. 그렇게 석 달여 시간이 하릴없이 지나갔다. 맥이 풀릴 대로 풀려서 아무것도 할 수 없는 상태가 되었다. 지극히 단순한 문제마저 풀 수 없는 지경에 이르렀다. 문제를 억지로 붙잡고 있으면, 10분 정도 긴장되었다가 그 뒤부터 집중력이 떨어졌다. 졸음이 쏟아지기까지 했다.

그렇게 기진맥진해 있던 어느 날이었다. 나카야 우키치로(1900~1962. 일본 물리학자) 씨에게 연락이 왔다. 홋카이도에 한번 올라오라고 했다. 마침 여름 방학에 들어선 때였다. 주저 없이 홋카이도로 향했다. 운 좋게도, 홋카이도대학 이학부의 응접실로 쓰던 방을 빌려 연구를 진행할 수 있었다. 연구가 수월히 진행되지는 않았다. 응접실에 어울리는 푹신한 소파에서 잠을 자는 시간이 많았다. 학생들 사이에서 나를 흉보는 말들이 퍼졌다. 수학자인 요시다 요이치 교수의 부인이자 영문학자인 요시다 마사에 씨는 나를 기면성뇌염 환자라고 부르기까지 했다.

9월이 되어 돌아갈 채비를 하고 있을 때였다. 나카야 씨가 자기 집에서 아침 식사를 같이하자고 불렀다. 식사를 마친 뒤, 연구실에서 가만히 앉아 생각에 잠겨 있었다. 그때 놀라운 일이 일어났다. 생각이 한 방향으로 가지런히 모이는 느낌이 들더니 점점 구체화하기 시작했다. 두 시간 반 정도 시간이 흐르자, 어디를 어떻게 손을 대야 좋을지 확실히 알 수 있었다. 두 시간 반이라고는 해도 생각을 정리하는 데 시간이 걸렸을 뿐 대상이 확연히 떠오르는 데는 놀라우리만치 적은 시간이 걸렸다. 아무튼, 말할 수 없이 기뻐서 내 생각이 맞는지 그른지 의심하지도 따져보지도 않았다. 집으로 돌아가는 기차 안에서도 휙휙 바뀌는 차창 밖 풍경만 무심히 바라보았다. 한껏 고무

된 나머지 수학에 대해서는 아무 생각도 품지 않은 채로 앉아 있었다.

발견의 기쁨이었다! 그 전에도, 후에도 발견의 기쁨을 맛본 적이 몇 번 있었다. 하지만 그렇게 커다란 기쁨을 느끼기는 그때가 처음이었다. 이듬해부터 '다변수 해석함수론'이라는 표제를 사용하여 2년에 한 번꼴로 다섯 차례에 걸쳐 논문을 발표했다. 긴장과 이완이 반복되는 몰입 상태에서 발견한 것을 바탕으로 완성한 작업이었다.

몰입은 그런 식으로 찾아오는 것 같다. 약간의 긴장감을 유지한 채 난생처음 가는 길을 걷듯 아무것도 모르는 상태에서 일을 계속 진행하기. 거기에 더해 졸음만 쏟아지는 일종의 방심 상태에 놓여 있기. 이 두 가지가 '발견'의 중요한 밑거름이 되었던 게 아닌가 싶다.

씨를 뿌려두고 발아하기까지는 시간이 걸린다. 물질의 결정(結晶) 작용도 마찬가지다. 일정 조건이 충족된 상태에서 한동안 내버려 두어야 한다. 성숙할 준비가 되어 있고 조건이 갖춰져 있다 해도 반드시 일정한 시간이 요구된다. 그렇지 않으면 성숙할 수 없다. 더는 방법이 없어 보이는 상황에서도 포기하지 말아야 하는 것도 그래서다. 의식의 밑바닥에 잠재해 있는 것이 천천히 자라서 표면에 드러나기를 기다려야 한다. 그렇게 하다 보면, 풀리지 않을 것 같은 문제도 자연스럽게 해결된다.

역사적으로 발견의 기쁨을 가장 잘 보여준 사람은 아르키메데스다. 그는 왜 "유레카(Eureka, '알아냈다!'라는 뜻_옮긴이)"라고 소리 지르며 알몸으로 목욕탕을 뛰쳐나왔을까? 자기 생각이 맞는지 틀리는지를 확인하기 위해서가 아니었다. 그는 그저 너무도 기쁜 마음에 그런 행동을 했을 뿐이었다.

프랑스의 앙리 푸앵카레(Henri Poincare, 1854~1912)는 수학적 발견으로 명성을 얻었다. 푸앵카레는 근대가 낳은 가장 위대한 수학자 중 한 명이었다. 그의 유명세는 수학의 영역에만 머무르지 않았다. 푸앵카레는 에세이 작가로도 명성이 자자했다. 한 가지 의아한 것은, 그의 글 속에 수학적 발견에 대한 과정은 자세히 기술되어 있지만 그 기쁨에 대해서는 기술되어 있지 않다는 점이다. 수학에서 발견의 기쁨은 그리스 시대부터 이미 점점 약해져가고 있었다. 그러다가 근대에 이르러서는 기쁨의 흔적을 발견하기조차 어려운 상태가 되었다.

그렇더라도 그 기쁨에 대해 언급조차 하지 않는 것은 이해할 수 없다. 푸앵카레가 발견의 기쁨을 느끼지 못했다면, 이는 아마도 프랑스 교육이 인공적이기 때문이었을 것이다.

수학의 발견에는 발견 자체를 드러내 보여주듯 기쁨이 수반된다. 그 기쁨이 어떤 것이냐고 묻는다면 이렇게 답하겠다. "나비를 잡고 싶은 간절한 마음으로 들판을 헤매다가 나무에 앉은 아름다운 나비와 마침내 맞닥뜨렸을 때의 황홀한 느낌과 비슷하다!"라고.

(● 이 장의 제목인 「발견의 황홀한 기쁨」은 곤충채집에 관해 데라다 도라히코 선생이 쓴 책에서 따온 것이다.)

정서가 깊을수록 경지가 넓어진다

발견의 순간은 언제 찾아오는가? 긴장의 끈을 바짝 조였다가 서서히 풀 때다. '바짝 조였다가 푸는'에 핵심이 있다고 나는 생각한다.

대학을 졸업하고 유학을 떠나기 전의 일이었다. 나는 교토의 시모가모에 있는 식물원 앞에서 살았다. 그 무렵, 식물원을 돌아다니며 생각에 잠기는 날이 많았다. 혼자서 그러는 것이 좋았다.

어느 해 5월이었던 것으로 기억한다. 아내와 한바탕 다투었다. 무슨 일로 그랬는지는 기억나지 않는다. 무작정 집을 뛰쳐나와 대학 근처 중국인이 운영하는 단골 이발소로 달려갔다. 이발소 주인에게 귀 청소를 부탁했다. 오래전에 고민하다가 한동안 잊고 있던 난해한 수학 문제가 사진처럼 머릿속에 떠오른 것은 그때였다. 이후 그 문제를 증명하기까지 몇 분도 채 걸리지 않았다.

그 후 여름방학이 되었다. 규슈 시마바라시에 있는 지인의 집에 2주간 머물렀다. 바둑을 두거나 이런저런 생각에 잠겨 지냈다. 지인이 자동차로 운젠다케(일본 규슈, 나가사키현 시마바라 반도 중앙부 활화산군의 총칭_옮긴이)를 돌아보자고 제안했다. 그곳을 떠나기 얼마 전이었다. 두말없이 따라나섰다. 한참 가던 중 자동차가 터널을 빠져나왔을 때였다. 바다가 아래쪽으로 드넓게 펼쳐져 있었다. 그 전에는 자주 다니면서도 보지 못했던 풍경이었다. 나는 바다를 굽어보았다. 며칠 동안 풀리지 않은 채 머릿속을 맴돌던 난제가 저절로 풀린 것은 바로 그때였다. 자연이 주는 감동과 발견은 내 안에서 이런 식으로 연결된다.

프랑스에서도 두 번의 '발견'을 경험했다. 언덕에 위치한 하숙집에서 생활하고 있을 때였다. 센 강이 한눈에 내려다보이는, 파리 교외의 나무가 울창한 지역에 위치한 집이었다. 어느 날, 나는 어려운 문제를 생각하며 산책을 하고 있었다. 숲을 빠져나와 넓게 펼쳐진 광경을 내려다보고 있을 때였다. 갑자기 생각이 한 방향으로 정리되기 시작했다.

쥬네브 쪽으로 당일치기 여행을 할 때도 비슷한 경험을 했다. 쥬네브는 레만호 근처의 토농이라는 마을의 반대편에 자리하고 있다. 배에 올라타고 얼마 지나지 않아서였는데, 갑자기 머릿속이 맑아지고 명료해지는 기분이 들었다. 반복해서 그런 일이 일어나자 이유가 궁금해졌다. 아름다운 자연을 보며 황홀한 나머지 잠시 넋을 놓은 틈으로 신선한 생각이 얼굴을 내밀었던 게 아닐까! 그때 떠오른 생각에 살을 붙이면 논문 한 편이 자연스레 완성될 터였다.

여섯 번째 논문을 쓴 것은 고향인 와카야마에 내려와 있을 때였다. 히로시마 문리과대학을 사직한 뒤였다. 나는 여전히 풀리지 않는 문제로 끙끙대고 있었다. 그러다 태풍이 오사카만으로 접근한다는 신문 기사를 보았다. 갑자기 사나운 바다를 체험하고 싶은 마음이 불끈 일어났다. 쏘아지기를 기다리는 화살 같다고나 할까.

오사카에서 후쿠라 쪽으로 가는 배에 올라탔다. 사납게 요동치는 나루토해협을 배로 건너기로 마음을 먹은 것이었다. 결과는 실패였다. 사나운 바다는 구경도 못한 채 집으로 돌아와야 했다. 태풍이 해협을 비껴간 탓이었다. 어쩌면 태풍이 비껴가는 줄 알았기에 배가 출항했을지도 모르겠다. 그렇더라도 산간 마을을 뛰쳐나와 무작정 배에 탄 나로서는 그런 것을 알 수가 없었다. 몸 안의 긴장감이 아무 거리낌 없이 행동으로 표출되었기에 그랬던 것만은 분명하다.

이듬해 6월이 되었다. 거의 매일 한가롭게 지냈다. 낮에는 마당에 앉아 돌멩이나 막대기로 땅바닥에 글씨를 끼적이며 이런저런 생각에 빠져들었다. 밤에는 아이들과 함께 골짜기에서 반딧불이를 잡았다가 놓아주곤 했다. 그러는 사이, 갑자기 어려운 문제가 저절로 풀렸다. 긴장의 끈을 놓을 때 오히려 발견의 순간이 찾아온다는 사실을 증명하는 사례가 아닐까? 영감을 얻어 발견에 이르는 사례는 이쯤에서 그치기로 하자.

일곱 번째와 여덟 번째 논문에서는 만족할 만한 성과를 내지 못했다. 여러 가지 일로 정신이 없는 시기에 쓴 것이라서 그랬던 것 같다. 그러던 어느 날이었다. 일과가 끝난 뒤였다. 갑자기 생각이 한 방향으로 곧게 뻗어 나갔다. 그러더니 풀지 못했던 문제가 풀리기 시작했다. 생각을 한곳으로 집중한 결과 얻어진 발견이었으며, 사물이 분명하게 인식되는 순간이었다.

문화를 서양과 동양으로 나누어 생각해보자. 서양 문화는 '영감'을 중심으로 이루어져 있다. 예를 들면, 신약성서의 경우가 그렇다. 아쿠타가와 류노스케(1892~1927. 일본의 저명한 소설가. 합리주의와 예술지상주의를 바탕으로 쓴 작품이 많다._옮긴이)가 쓴 『서방의 사람』을 읽어보면 그 점을 좀 더 명확히 알 수 있다. 동양 문화는 '정서'가 중심을 이룬다. "멀리서 친구가 찾아오니 이 또한 즐겁지 아니한가"라는 『논어』의 구절이 전형적인 예다. 그 주체가 정서라는 점에서 불교도 마찬가지다. 서양 문화는 꽃이 피는 나무와 같고 동양 문화는 소나무 등의 아름드리나무에 비유할 수 있다.

정서가 깊을수록 경지가 넓어진다. 이것이 동양 문화의 특징이며 핵심이다. 나쓰메 소세키(1867~1916. 일본을 대표하는 작가_옮긴이)와 니시다 기타로(1870~1945. 일본의 철학자로 일본적인 무(無)철학을 주창했다._옮긴이) 선생은 넓은 경지를 지닌 대가들이다. 그들은 노년에 가까울수록 자기 경지를 더욱 넓혔다. 나쓰메 소세키는 여러 유명한 작품을 남겼다. 그중에서 단순히 재미있는 작품은 『그 후』이고, 가장 짜임새 있고 뛰어난 작품은 『명암』이다. 미완의 유작인 『명암』은 단순한 재미를 뛰어넘는 걸작이다.

수학의 세계에서 추상적 경향이 나타나기 시작한 것은 그리 오래되지 않았다. 추상적 경향이 나타나기 시작한 것은 왜일까? 내용의 구체성을 빼는 대신 일반성을 지니는 것이 바람직하다고 여긴 탓이 아닐까? 그런 경향은 최근 들어 더욱 두드러졌다. 자연 풍경에 비유하자면, 눈보라가 휘몰아치는 한겨울의 빈 들판과 같다고 할까! 그런 곳은 사람이 살 만한 환경이 아니다.

나는 계절이 바뀌어 이른 봄의 정원을 연상케 하는 그런 논문을 두어 편 쓰기로 했다. 한 편은 프랑스에서 발견한 것 중 하나를 떠올려 써야겠다고 생각했다. 당시에는 몰랐던 사실을 새롭게 알게 되면서 처음 생각했던 것과는 전혀 다른 논문이 나왔다. 이 또한 경지가 넓어진 경우라고 생각한다.

서양의 수학자들은 대개 나이가 들수록 연구가 어려워진다고들 말한다. 평생 정서를 중시하지 않은 채 연구에 매진한 탓이 아닐까? 나와 같은 동양의 수학자는 이 점에서 다르다. 정서의 중요성을 알고 정서에 젖은 채 연구에 몰두하기에 나이가 들수록 더욱 좋은 논문을 쓸 수 있는 바탕이 마련된 셈이다.

운명처럼
수학을 만나다

수학을 전공했다고 하면 사람들은 묻는다. 초등학교 다닐 때부터 수학을 잘했느냐고. 수학을 못하지는 않았다. 그렇다고 특별히 잘한 것 같지도 않다. 나는 오카야마현 하시모토시에 속한 키미무라라는 마을에서 태어났다. 그곳에서 초등학교 2학년 무렵까지 살았다. 이후 오사카시로 이사했다. 3학년인가 4학년 때였다. 국어 공책에 글씨를 지저분하게 쓰는 데다 끝까지 쓰지 않는다고 아버지께 혼이 났다. 아버지가 말했다.

"산수 문제를 대충대충 푸는구나. 그래도 답이 맞는 걸 보면 수학에 소질이 있는 것 같다."

4학년 때의 일이었다. 반에서 시합이 벌어졌다. 누가 산수 문제를 가장 빠르고 정확하게 푸는지를 가리는 시합이었다. 나는 두 번째로 빨리 문제를 풀었다. 가장 먼저 문제를 푼 아이는 부모님이 은행에 다니는 다카하마였다. 녀석은 급하게 풀다가 실수로 소수점을 찍지 않았다.

"이런 실수는 용납할 수 없구나."

선생님은 나를 1등으로 인정해주었다. 상품도 덤으로 따라왔다. 붓과 먹 같은 것으로, 아이들이 자주 잃어버리는 품목이었다. 두꺼운 붓과 먹을 한 세트로 묶은 것, 몇 개의 붓만을 따로 묶은 것이 나란히 놓여 있었다. 어느 것을 골라야 할지 몰랐다. 한참을 망설였다. 선생님이 다그쳤다.

"1등인 네가 먼저 집어야 다른 친구들도 집을 것 아니냐."

나는 붓과 먹 세트를 골랐다. 2등인 다카하마는 붓 다발을 집었다. 나중에 다카하마는 붓이 잘 써진다고 자랑했다. 이상했다. 악필인 탓인지 내 붓은 잘 써지지 않았다.

단순 계산문제보다 응용문제가 시험에 잘 나왔다. 6학년이 되자 응용문제가 어려워졌다. 그런 터에 당시 5년제였던 중학교 입시에서 쓴잔을 마셨다. 수학 점수가 나빠서 불합격한 것은 아니었을 터다. 응용문제를 제대로 풀질 못했다. 수학에 소질이 있는지 없는지 알 수 없었다.

이듬해에 나는 중학생이 되었다. 중학교 입시에 한 번 실패한 뒤였다. 로그(대수)를 배운 것은 2학년 때였다. 학기말시험에서 두 문제를 겨우 맞혔다. 총 다섯 문제가 출제되었다. 나는 가장 어려워 보이는 문제를 먼저 푸는 버릇이 있었다. 그 바람에 1학기에 배웠던 풀잇법이 기억나지 않아 당황한 나머지 풀 수 있는 문제까지 틀리고 말았다.

학기말시험은 더 중요했다. 나름대로 열심히 준비했다. 로그 영역에서 68점을 받았다. 참담했다. 방학을 맞아 집에 돌아왔다. 오랫동안 끙끙 앓았다. 점수가 목에 걸린 생선 가시처럼 마음에 걸린 탓이었다.

그러던 어느 날 아침이었다. 무심코 정원을 바라보았다. 이른 봄의 햇살이 메마른 흙을 비추고 있었다. 따뜻한 봄이 찾아온 것이었다. 햇살을 보고 있자니, 지나간 일은 훌훌 털어버리자는 마음이 솟아났다. 가슴이 벅차올랐던 것을 기억한다.

그런 경험을 여러 번 했다. 중학교 1학년 무렵의 일이었다. 밤늦게까지 식물에 관한 공부를 하고 있었다. 그 탓에 제대로 잠을 못 잤다. 아침에 몸이 영 개운치 않았다. 무거운 몸을 이끌고 산책하러 나갔다. 잘 손질된 기숙사 앞 화단에 멈춰 섰다. 검은 흙을 비집고 올라온 자그마한 풀꽃이 눈에 들어왔다. 그 순간 마음이 차분해지면서 힘이 났다. 따뜻한 햇볕을 받은 흙에서 또 어떤 풀꽃이 비집고 올라올지 궁금해졌다. 그 화단의 풍경이 오래도록 기억에 남았다.

수학을 제대로 못한 이야기만 늘어놓은 셈이 되었다. 명색이 수학자라는 사람이 말이다. 이제, 수학에 관심을 두게 된 계기에 관해 이야기해볼까 한다.

중학교 3학년 때였다. 어쩌다 각기병에 걸렸다. 그 탓에 기숙사를 나와 집에서 통학하게 되었다. 집에 있는 동안 빈둥거리는 시간이 많았다. 학창 시절, 시험을 치르기 전 딱 일주일간만 몰입해서 공부했다. 시간이 남아돌았다. 따분하기 그지없는 시간의 연속이었다. 독서를 하려 해도 마땅한 책이 없었다. 그나마 읽을 만한 책은 『서유기』, 『근세미소년록』 같은 것뿐이었다. 이런 책은 초등학교 때 읽어서 내용을 다 알고 있었다.

그 밖에도 몇 권의 책이 더 있었다. 법률 서적과 한문으로 된 역사서, 수학 이론서 따위였다. 수학 이론서만 빼고 모조리 읽었다. 윌리엄 클리퍼드(William Kingdon Clifford, 1845~1879. 영국의 수학자 겸 철학자_옮긴이)가 쓴 책을 기쿠치 다이로쿠가 번역한 『수리석의(數理釋義)』 딱 한 권만 남았다. 책을 펼쳤다. '제1장. 숫자는 세는 순서와 상관없다', '제2장. 숫자는 더한 순서와 상관없다' 같은 알쏭달쏭한 글이 눈에 들어왔다. 잘 이해되지 않는 점에 오히려 매료되었다. 그 책을 밤늦게까지 읽느라 하얗게 세는 날이 많았다. 가장 인상적이었던 부분은 '클리퍼드의 정리'였다. 홀수의 직선은 원을 결정하고 짝수의 직선은 점을 결정하는데, 아무리 직선의 수를 늘려도 그 사실은 변하지 않는다는 내용이었다. 그 내용이 신비롭게 느껴졌다.

'클리퍼드의 정리' 이후 많은 정리와 문제를 만났다. 그럴 때마다 힘닿는 데까지 풀려고 노력했다. 그러면서도 '클리퍼드의 정리'만은 증명하려고 애쓰지 않았다. 증명하면 당연한 것이 되어버릴까 두려워서였다. 그것이 지닌 신비감이 눈송이처럼 사라질지 모른다고 생각했기 때문이다.

당시에는 그 정리가 계속 마음에 걸렸다. 정말 그런지 알아보고 싶었다. 수없이 직선을 그리며 중학교 3학년 학기말시험 직전까지 두 달 남짓 연구했다. 돌이켜보면, 그런 열정이 수학에 관심을 두게 한 게 아닌가 싶다.

학교 공부를 그다지 열심히 한 편은 아니었다. 시험은 모두 암기로 끝냈다. 다행히도, 다른 학생들에 비해 암기력이 뛰어났다. 한 번 외우면 오랫동안 잊어버리지 않는 그런 암기력은 아니었다. 얼마 동안만 기억하는 단기 암기 능력 면에서 우수했다. 이런 암기 능력은 누구나 마음만 먹으면 개발할 수 있다. 단지 암기력을 늘리는 데에는 중학교 3학년 정도가 적당하다. 계속 연습하면 늘겠지만 그 이후에는 실력이 잘 늘지 않는다.

수학에 소질이 있다는 걸 알게 된 것은 프랑스 유학을 떠난 뒤였다. 일본에서 대학을 졸업하고 나서였다. 어느 날, 소르본 대학의 프레셰 교수에게 내가 쓴 논문을 보여주었다. 그러고 며칠이 지났다. 프레셰 교수가 나를 불러 달려갔다. 그는 동료인 당주아 교수와 함께 있었다. 그가 나를 당주아 교수에게 소개했다.

당주아 교수는 자리에 앉기 무섭게 내 논문을 읽었다. 그러고는 옆방으로 갔다. 잠시 후 돌아온 그의 손에 잡지가 한 권 들려 있었다. 과학 전반에 관한 새로운 아이디어가 담긴《콩트·랑주》라는 잡지였다. 그는 잡지의 한 페이지를 펼치고는 손가락으로 가리켰다. 그가 쓴 에세이가 실려 있었다. 제목과 머리말을 읽었다. 나와 같은 연구 테마를 다루고 있지만, 정반대의 결론을 도출하고 있다는 사실을 간파했다. 나는 탁자 앞에 앉아 고개를 푹 숙였다. 귀까지 빨개졌다.

"당주아 교수는 이 분야에서 독보적인 분이라네. 그러니 기죽을 필요 없네."

프레셰 교수가 나를 위로했다. 잠시 후, 그는 당주아 교수와 함께 방을 나섰다. 나는 몇십 년이 지난 지금까지도 두 교수의 배려와 따뜻한 그 연구실의 풍경을 잊을 수가 없다.

수학의 발견,
그 찬란한 순간

수학을 연구하려고 마음먹게 된 계기를 좀 더 이야기해볼까 한다. 중학교 5학년 때였다. 요즘 학제로는 고등학교 2학년이었다. "완전사변형 대각선 3개의 중점은 동일직선상에 있다"라는 정리를 증명하기 위해 오랫동안 골몰해 있었다. 현관 앞에 쭈그려 앉아 있는 시간이 길었다. 목탄 같은 것으로 그림을 그리며 생각에 잠기곤 했다. 그런 시간이 겨울방학까지 이어졌다. 연초 무렵, 급기야 코피가 터졌다. 수면제에 중독된 것처럼 속이 울렁거렸다. 겨울방학이 끝날 무렵에도 증세가 사라지지 않았다. 얼마 후 괜찮아졌지만, 그런 일을 겪고 나자 생각이 깊어졌다.

교토대학 1학년 때였다. 수학자인 스기타니 이와히코 교수의 강의를 들었는데, 강의만으로는 성에 차지 않았다. 그런 터라, 도호쿠대학에서 펴낸 『도호쿠 수학 총서』의 문제를 닥치는 대로 풀었다. 무서운 기세로 문제를 풀었던 것 같다. 다시 생각해보니, 그렇지 않았던 것 같기도 하다. 결국, 총서를 절반밖에 풀지 못했으니 말이다. 아무튼, 대학 졸업 후 여행 자금을 마련하기 위해 중고서점에 총서를 몽땅 내다 팔았다. 책값을 꽤 비싸게 받았다. 그럴 만하다는 것을 이 총서를 가진 사람은 알 것이다.

대학 시절, 1~2년간 온전히 몰입한 상태로 수학 문제를 풀고 또 풀었다. 올챙이에게도 다리 나오는 시기가 있듯, 누구에게나 무언가를 왕성하게 해내는 때가 있다.

대학교 1학년 2학기 때였다. 스기타니 교수가 방정식에 대해 강의를 하다가 이런 말을 했다.

"오차방정식부터는 해를 구할 수 없다. 아벨의 정리(노르웨이의 수학자 닐스 헨리크 아벨(Niels Henrik Abel, 1802~1829)이 제시한 정리_

옮긴이)가 이를 명확히 증명하고 있지. 어차피 너희들 대부분은 공학부로 가겠지. 혹 이학부로 간다면, 아벨의 정리를 배우게 될 거다."

일본의 대학에서 이과는 크게 이과 갑(甲)류와 이과 을(乙)류로 나뉘었다. 이과 갑류는 일반적으로 공학부로 갔다. 그 점에 대해서는 달리 토를 달고 싶지 않았다. 아벨의 정리에 대해 너희들에게 설명해봤자 이해하지 못할 거라는 식의 말투는 기분 나빴다. 아벨의 정리는 날이 갈수록 내 머릿속에 깊이 각인되었다. 풀지 못하는 방정식을 어떻게 증명한다는 것인지 의아한 생각이 들었다.

원래 공학부로 가려 했으나 망설여졌다. 적성에 맞는지 확신이 서지 않았기 때문이다. 학자로서 학계에 공헌할 자신이 없었다. 이과 학생들이 대부분 공학부를 지원하므로 그쪽이 무난하다고 생각했을 따름이다. 곰곰이 생각해보니, 나란 위인은 흔한 그릇조차 제대로 그릴 줄 몰랐다. 공장설계법이니 공장견학 같은 것도 좋아하지 않았다. 결국, 나 자신이 공학부에 적합한 사람이 아니라는 판단을 하게 되었다.

고등학교 3학년 무렵이었다. 알베르트 아인슈타인(Albert

Einstein, 1879~1955)이 일본에 온다고 시끄러웠던 적이 있다. "행사 당일보다 그 전날이 더 시끄럽다"라는 속담 비슷한 말이 있었다. 그때는 아인슈타인이 오기로 예정된 날로부터 무려 1년 전이었다. 아인슈타인의 영향으로 이과 대학에 진학하겠다는 동급생이 주위에 열 명 정도 되었다. 나도 그중 하나였다. 그들 틈에 끼어 교토대학 이학부 물리학과에 지원했다. 물리가 나와 맞지 않는다는 걸 안 것은 물리학과에 들어간 뒤였다. 물리가 싫었다. 실험 탓이라고, 대수롭지 않게 넘기려 했다. 자신을 설득하려 했으나 마음대로 되지 않았다. 아벨의 정리가 물리보다 더 고상할 것이라는 생각이 머릿속을 떠나지 않았다. 클리퍼드와 스기타니 교수의 영향 때문인지도 몰랐다. 그런데 왜 수학이 아닌 물리를 선택했을까? 수학보다는 물리가 학계에 공헌할 가능성이 더 크다고 생각한 탓이었다. 수학에 자신이 없기 때문이기도 했다.

물리학과에서 수학과로 전과를 결심했다. 야스다 료라는 강사의 수학 강의를 들은 직후였다. 물리학과의 첫해 기말시험에 선생이 출제한 것은 두 개의 응용문제였다. 평소 습관대로 어려운 문제부터 풀기 시작했다. 한 문제당 2시간 정도 걸려서 답안을 작성했다. 문제를 제대로 풀었다는 확신에 나도 모르게 "해냈다!"라고 소리 질렀다. 감독관으로 들어와 있던 야스다 선생과 주위 학생들이 모두 내 얼굴을 빤히 쳐다보았다. 나는 머리를 긁적이며 겸연쩍게 웃었다. 연필을 집어 들고 강의실 밖으로 나갔다. 공원으로 달려가 해가 저물 때까지 벤치에 누워 있었다. 그 뒤의 시험을 몽땅 내팽개친 채였다. 날아갈 듯 기분이 좋았다. 내 인생에서 찬란한 수학의 발견, 증명법에 대한 최초의 발견 순간이었다.

나는 조금만 더 열심히 공부하면 수학을 잘할 수 있다는 자신감이 생겼다. 그 참에 수학과로 전과를 결심했다. 그때 그 문제는 정말이지 나와 궁합이 딱 맞았다. 시험 시간에 소리를 지르는 이상한 짓을 한 것도 그래서였다.

수학과에서 보낸 2년여 시간은 서서히 수학에 눈을 뜨는 날들이 쉼 없이 이어졌다. 교수들의 흥미로운 강의도 디딤돌이 되어주었다. 구두시험이 기다리고 있었다. 졸업하기 전에 치르는 마지막 시험이었다. 시험에 대비하여 수학 시간에 배운 것을 낱낱이 암기했다. 공부 압박 때문에 불면증으로 고통받는 나날의 연속이었다. 수면제를 먹기 시작했다. 수면제 중독으로 대학을 졸업한 뒤 2년 동안 허송세월해야 했다. 졸업 직후 나는 강사가 되었다. 학생들을 가르치기는 해도 열정 없이 기계적으로 가르쳤다. 2년 후, 나는 프랑스 유학길에 올랐다.

소리굽쇠가 공명하듯 교감하다

어디로 유학을 갈까? 망설임 없이 프랑스를 떠올렸다. 소르본 대학의 가스통 쥘리아(Gaston Maurice Julia, 1893~1978, 프랑스 수학자) 교수의 강의를 듣고 싶었기 때문이다. 문부성은 독일을 추천했다. 독일에는 스승으로 삼고 싶은 사람이 없었다. 독일이 아닌 프랑스로 가게 해달라고 말했다.

유학의 목적은 특정 학자의 가르침을 받는 데 있다. 문부성 관계자들은 그 점에 대한 이해가 없었다. 외국으로만 나가면 그것이 유학인 줄 아는 모양이었다. 이 또한 '인간' 중심 사고를 체득하지 못한 데서 비롯된 것이리라. 학문을 배우는 일에 있어서 어느 스승한테 가르침을 받느냐는 매우 중요하다.

인도양을 둘러서 가는 '기타노마루'라는 이름의 배를 타고 유학길에 올랐다. 40여 일간 항해하면서 여러 가지 경험을 했다. 선장은 특이한 사람이었다. '선장답지 않은' 사람이라고 할까. 안전보다는 다소 위험하더라도 승객들에게 멋진 풍경을 보여주고 싶어 하는 별종이었다. 그는 화투를 좋아했다. 배에는 의사도 있었다. 그 의사는 나를 좋아했다. 자주 찾아와 시간을 보내다 가곤 했다. 우리는 매일 먹고 자는 시간을 빼면 바둑과 장기, 마작을 하면서 빈둥거렸다. 그런 일상이 좋았다. 항구에 도착할 때마다 함께 놀던 사람들이 내리곤 했다. 나중에는 배가 항구에 닿지 않았으면 하고 바랄 정도였다.

선장과 의사 이름이 도통 기억나지 않는다. 그토록 나를 좋아해주었는데도 이름조차 기억하지 못하다니. 나의 그런 얼빠진 면이 그들의 마음에 들었던 게 아닐까? 선장은 전에 일으킨 사고로 귀국하면 해난심판을 받을 처지였다. 기타노마루는 그때가 마지막 항해였다. 유학을 다녀와서도 선장과 의사의 안부가 궁금했다. 승조원들마저 뿔뿔이 흩어진 마당에 알

도리가 없었다. 살아 있다면 꼭 한번 만나고 싶다.

배에 타기 전, 몸에 열이 있어 걱정했다. 다행히도 항해하는 동안 건강이 좋아졌다. 바다의 신선한 공기 덕이었을까? 교감 신경적인 생활이 부교감 신경적인 생활로 바뀌면서 무너져 있던 신체 균형이 정상으로 돌아온 덕분이기도 할 것이다. 배는 망망대해를 천천히 나아갔다. 기분이 상쾌했다. 나는 배 여행의 묘미와 즐거움을 한껏 누리고 있었다. 비행기 여행보다 배 여행이 낫다는 생각이 들었다. 꼼짝없이 앉아서 땅을 내려다보는 여행에 무슨 낭만과 재미가 있겠는가.

이미 고인이 된 물리학자 나카야 우키치로 씨를 파리에서 처음 만났다. 매일 밤, 그와 진지한 대화를 나누었다. 그런 시간이 2주 남짓 이어졌다. 그에게 들은 데라다 도라히코(1878~1935. 일본의 대표적 물리학자이자 작가_옮긴이) 선생의 실험 물리에 관한 이야기가 인상적이었다. 나의 수학 연구에 커다란 영향을 주는 이야기였다.

프랑스 문화에 대한 첫인상은 '낯섦'이었다. 파리 오페라 발레단과 다카라즈카(여성으로만 이루어진 일본의 가극단_옮긴이)의 차이만큼이나 프랑스와 일본은 크게 달랐다. 공원 잔디마저 인상적이었다. 녹색의 물결 같은 잔디밭의 아름다움에 몇 번이나 감탄하고 또 감탄했다.

프랑스 문화에서 특별히 배우고 싶은 것을 발견하지는 못했다. 배울 것이 없다고 생각할 정도였다. 한동안 눈이 아프도록 영화만 보았다. 수학도 마찬가지라고 여겼기 때문이다. 프랑스 영화도 재미없기는 매일반이었다. 미술 사진을 죽 늘어놓은 것 같았다. 나중에는 서부극을 보러 다녔다. 서부극에는 총보다 말이 더 자주 등장했다.

프랑스 문화의 가치를 깨달은 것은 귀국한 뒤였다. 그 후 한동안 프랑스 영화감독인 르네 클레르의 작품에 푹 빠져 지냈다. 돌아오기 직전, 배표를 사고 시간이 남아서 앙리 마티스 전을 관람했다. 화가가 데생을 통해 성장해가는 과정을 더듬으면서 큰 감명을 받았다.

돌이켜보건대, 수학을 전공하기로 마음먹은 그 순간에도 나는 주저했다. 외국 문화에 주눅 들거나 두려워서는 아니었다. 대다수 일본인은 외국 문화를 접하면 두려움과 주눅이 반반 뒤섞인 표정을 짓곤 한다. 그들은 나와는 반대인 것 같다. 수학은 두렵지 않으면서 외국 문화는 두려운 거다. 이건 모순

이 아닌가!

나카야 우키치로 씨의 동생인 나카야 지우지로와의 만남. 그것은 프랑스에서의 가장 인상적인 경험 중 하나였다. 지우지로는 시베리아를 경유하여 자비로 유학 온 젊은 고고학자였다. 그는 파리로 건너오기 전 일본 도호쿠 지방을 돌아다녔다고 한다. 조몬토기(새끼줄 무늬가 특징인 일본 선사시대의 토기_옮긴이)를 수집하기 위해서였다. 그는 상당히 긴 논문을 썼다. 나는 그가 긴 논문을 세 페이지로, 그것도 프랑스어로 요약한 것을 보고 감탄했다. 우리는 서로에게 매력을 느껴 금세 친해졌다. 지우지로는 자신의 장단점을 제대로 파악하지 못하는 것 같았다. 아무튼, 그는 재능과 식견이 풍부한 친구였다. 우리는 각자 학문에 대한 자기 이상과 포부를 밝혔다. 자주 이야기를 나누기도 했는데, 한 번도 질린 적은 없었다. 지우지로는 시를 잘 지었다. "문을 열자 꽃이 피어 있는 곳까지"라는 시구는 그의 학문적 이상을 잘 대변하는 글이라고 생각했다.

우리는 소리굽쇠(두 갈래로 된 좁은 쇠막대로 특정 주파수(진동수)의 음만을 내도록 고안된 소리 기구_옮긴이)가 공명하듯 이야기를 나누었다. 자주 여행도 다녔다. 석기시대의 화살촉 발굴 현장이나 브르

타뉴주의 카르나크 거석문화 유적지 같은 곳에 갔다. 나는 돌로 된 화살촉이나 거석문화에 관심이 없었다. 어쩌다 그런 곳에 갈 때는 바위에 걸터앉아 수학책을 읽곤 했다.

시간과 공간을 초월한다는 것이 무엇인지, 진정한 친구란 무엇인지 깨달았다. 프랑스 유학을 통해 얻은 가장 소중한 것 중 하나가 그 깨달음이었다. 파리 유학 기간을 1년 더 연장했다. 파리에서 지우지로와 함께 지내고 싶은 마음에서였다.

귀국 직후, 지우지로는 요양 생활을 시작했다. 유학을 떠나기 전부터 앓아왔던 결핵성 척추염이 악화한 탓이었다. 나는 대학에서 강의하다가 여름 방학이 시작되면 규슈로 달려갔다. 병상에 누운 지우지로와 밀린 이야기를 나누었다. 3년째 여름에도 그에게 달려갔다. 그러나 규슈에서 딸이 아프다는 갑작스러운 연락을 받고 부랴부랴 그곳을 떠나야 했다. 그것이 지우지로와의 마지막 만남이 되었다. 그 무렵, 지우지로는 "기적 소리 언덕을 넘어가네. 이별인가"라는 시를 지었다. 그 이야기를 지인에게 전해 들은 것은 한참 시간이 지나서였다.

나는 지우지로와 함께 있는 것만으로도 행복했다. 친구란 그런 존재가 아닌가! 프랑스에서는 수학보다 그와 함께 있는 시간이 더 많았다고 해도 지나치지 않을 정도다. 프랑스에서 수학을 얼마나 연구했느냐고 묻는다면 전공 분야를 정한 것이 전부라고 대답해야 할지도 모르겠다. 다변수 함수론 분야를 산에 비유하자면, 너무도 가팔라서 오르기 힘든 험산이라고 할까. 나는 프랑스에서 그 사실을 깨달았다. 갑자기 귀국길에 오른 것은 그 분야를 연구하기로 마음먹었기 때문이다.

그로부터 얼마 후, 지우지로는 세상을 떠났다. 나는 본격적으로 수학이라는 매혹적인 바다에 뛰어들었다. 그해에 나는 난생처음 논문을 썼다.

지력을
단련하는 방법

"수학의 본체는 조화의 정신이다."

천재 수학자 앙리 푸앵카레의 말이다. 수학에 뜻 있는 사람이라면 이 말을 가슴에 새기고 음미하기 바란다. 푸앵카레는 1912년에 세상을 떠났다. 그가 수학계의 대표 격이 되고 나서야 비로소 수학은 자신의 존재를 자각할 수 있었다.

조화는 '한가운데'를 지칭하는 어휘다. 예술세계에서 말하는 아름다움의 조화와는 다른 어휘지만 같은 어휘이기도 하다. 서로 통하는 부분도 있다. 아름다움의 조화라는 말이 더 쉽다. 한가운데를 지칭하는 조화는 이해하기 어렵다. 예술과 가까이 지내라고 권하고 싶다. 아름다움의 조화를 이해하는 데 이보다 좋은 방법도 없다.

수학하는 사람은 조화의 정신을 가지고 있어야 한다. 한 가지 예를 들어보자. 삼차방정식 풀이를 '타르탈리아(Niccolo Tartaglia, 1506~1557)의 해법'이라고 한다. 타르탈리아란 '말더듬이'라는 뜻이다. 문예 부흥 초기의 사람인 그는 전쟁에서 혀를 잘렸다. '타르탈리아'란 별명을 얻게 된 것은 그래서다.

어느 날, 삼차방정식을 푸는데 해법이 떠오르지 않았다. 마침 잘되었다 싶었다. 스스로 궁리하여 풀이 방법을 찾아낼 좋은 기회니 말이다. 꼬박 3일을 걸려서 새로운 방법을 찾아냈다. 타르탈리아 방식이 좀 더 간결하기는 하지만 나만의 방법을 찾은 것에 의의를 두기로 마음먹었다.

삼차방정식 풀이에 도전한 동시대 수학자는 타르탈리아 말고도 많다. 타르탈리아가 승리를 쟁취한 주인공이 된 비결은 무엇이었을까? 문예 부흥기를 살았던 이들은 그 문제를 사람이 풀 수 없는 수준의 난제로 생각했던 것 같다. 나는 3일 만에 새로운 방식으로 그 문제를 풀었다. 어떻게 가능했을까? 400

년이라는 세월을 지나오면서 수학의 조화가 한층 깊어졌기 때문이다. 수학의 조화가 깊어질수록 가능성과 선택의 폭은 넓어진다. '희망'의 모습이 근본적으로 달라지므로 어렵지 않게 풀 수 있다. 수학의 목표는 이 점에 있다.

수학의 조화가 깊어지면 답을 내는 속도가 서른 배 정도 빨라진다. 타르탈리아가 살던 시대보다 3단계 정도 깊어진 듯하다. 당시 사람들은 30배의 3승, 즉 2만 7,000배나 더 오래 걸린 셈이다. 3일의 2만 7,000배라고 하면 약 222년이다. 타르탈리아가 그 문제를 푸는 데 그 정도의 세월이 걸렸다는 뜻은 아니다. 당시 삼차방정식을 풀기 위해 수학자들이 할애한 시간을 모두 합치면 그 정도라는 의미다.

덧붙여서, 타르탈리아 이후 사차방정식은 문제없이 넘어갔다. 오차방정식에서 다시 정체를 겪었고, 많은 천재 수학자가 도전했지만 실패했다. 아벨이 대수적 사고를 적용하여 절대 풀 수 없는 문제라고 증명하기까지 헛된 노력만 한 셈이다.

푸앵카레가 쓴 『과학과 가설』을 추천하고 싶다. 수학이 완성되어가는 과정에 가장 중요한 지력(智力)이 무엇인지 터득하는 데 도움이 될 것이다.

이런 지력을 어떻게 기를 수 있을까? 다들 알겠지만, 수학을 잘하기 위해서는 대뇌 전두엽을 단련해야 한다. 그 단련법이 중요하다고 여기는 사람은 많지 않다. 일본도를 제련할 때는 뜨거운 쇳물에 담갔다가 바로 차가운 물에 식히는 과정을 여러 번 반복해야 한다. 푸앵카레의 지력도 차가운 물에 식힐 때 비로소 단련된다.

예를 하나 더 들어보자. 중학교에 다닐 무렵, 나는 수학 시험을 볼 때마다 답이 맞는지 검산하는 데 많은 시간을 들였다. 그렇게 충분한 시간을 들여 검산했음에도 교실을 나오는 순간 틀린 부분이 눈앞에 떠오르곤 했다. 집으로 가는 발걸음이 무거웠다. 누구나 비슷한 경험을 했을 터다. 이런 경험을 하지 않기가 오히려 어렵다. 교실을 나와 긴장이 풀리는 순간 나타나는 이 지력이 '대자연의 순수 직관'이다. 충분한 노력을 기울인다면 같은 시간에 좀 더 빨리 지력의 빛을 볼 수 있다. 이 지력이 수학의 발견으로 이어진다. 검산 과정에 이 지력이 떠오르는 일은 없다.

요즘은 식히는 과정을 빼고 쇳물에 담그는 작업만 반복하는 게 아닌가 싶다. 뜨거운 곳에만 있으니 대뇌 전두엽은 과열 상태에 빠진다. 이 상태로는 가장 중요한 조화 정신을 체득할 수 없다.

과열 상태의 가장 좋은 예는 휴식 시간 없이 기계적으로 일하는 것을 들 수 있다. 이런 직종에 있는 사람들은 적당한 휴식을 취할 수 있게 배려해야 한다. 어른은 그나마 괜찮지만, 지각이 채 발달하지 않은 어린아이에게 어지럽게 늘어서 있는 음표를 순간순간 파악해야 하는 피아노를 가르쳐도 될까?

끊임없이 의지가 작용하는 것은 대뇌 과열로 이어진다. 대뇌 전두엽을 쉴 새 없이 자극한다. 대뇌 전두엽의 활동을 억제하지 않으면 지력이 향상할 여지가 없어진다. 진정한 지력이란 자기 힘으로 진실을 깨닫는 것이다.

강연을 위해 갔던 와카야마시의 여관 여주인이 내게 이런 말을 했다.

"우리 아이는 지금 산수, 영어, 피아노, 꽃꽂이, 무용을 배우고 있는데요. 여기에 무엇을 더 해야 할까요?"

아이가 초등학교에 막 들어갔다는 이야기를 듣고 깜짝 놀랐다. 학원들이 아니어도 요즘 학교는 숙제가 많다. 그 여주인은 아이의 시간이 비는 걸 용납하지 못하는 성격인 듯했다.

우리는 벽 안이 아닌 틈새에 살고 있고, 틈새에서 성장했다. 그러니 대뇌 과열을 줄이고 틈을 많이 만들어주면 지력은 향상된다.

내 경험을 한두 가지 이야기하겠다. 초등학교에 다닐 무렵, 아버지가 바나나 향이 나는 바나나 모양 과자를 사 오신 적이 있다. 다른 과자들보다 맛이 좋았으므로 아버지는 접대용으로 쓰자며 캔에 담아 따로 보관하셨다. 이후 손님이 오실 때만 우리는 그 과자를 조금 맛볼 수 있었다. 손님이 언제 오는가만 목이 빠지게 기다렸다. 손님이 오면 뛸 듯이 기뻤다.

당시에는 그 과자가 굉장히 맛있었다. 요즘에는 아니다. 이유가 뭘까? 대뇌 전두엽이 지속해서 과열되고, 언제든 원하는 과자를 먹을 수 있기 때문이다. 무엇을 먹어도 맛있다고 느끼는 사람이 적어졌다. '맛난 과자가 있고, 그걸 먹으면 맛있다.' 모든 일이 이렇게 간단하면 편할지 모르겠지만 그렇지 않다. 이런 식으로 가다 보면 처음보다는 두 번째, 두 번째보다는 세 번째에 더 강한 자극을 찾게 된다. 같은 과자를 먹어도 맛있다고 느낄 수 없게 된다. 꽃처럼 한 곳에 뿌리 내리지 않고 자극을 찾아 이곳저곳 떠돌아다니는 방식이다. 책을 직접 읽기보다는 읽고 싶다는 생각 자체가 더 중요하다.

모란꽃은 아무리 길어도 열흘이면 지고 만다. 지는 순간, 나무에 새롭게 자리 잡고 1년이라는 시간을 들여 꽃피울 준비를 한다. 피는 기간은 짧지만 나무에 머무는 시간은 길다. 이것이 자연이다. 인간도 자연처럼 준비 기간이 필요하다. 수학에 의지와 열정을 가진 사람이라면 꽃피우는 시간보다 나무에 붙어 있는 시간이 훨씬 중요하다고 말해주고 싶다.

수학과 인류의 복지, 이익과는 어떤 관계가 있을까? 과거에는 수학에서 계산이 가장 중요한 부분을 차지했다. 기계문명이 발달한 오늘날에는 기계적인 것은 기계에 맡긴다. 조만간 논리학도 인간의 손을 떠날 것이다. 이렇게 되면 수학은 기계가 하지 못하는 영역만 다루게 된다. 조화 정신을 가르치는 것이다.

세상을 둘러보라. 푸앵카레가 죽고, 50년이라는 시간 동안 전 세계적인 규모의 전쟁을 두 번이나 치렀다. 전쟁이 없던 시기도 여전히 전쟁으로 인한 불안감에 휩싸여 있었다는 사실에는 변함이 없다. 이렇게 된 원인은 무엇일까?

조화 정신을 배제한 채 과학을 발달시킨 데에 원인이 있다고 본다. 과학자들은 과학 발전의 시초를 1883년으로 본다. 인도의 한 늪에서 콜레라균이 발견된 순간이었다. 그 후 100여 년간 끊임없이 전쟁이 이어졌다. 과학 발달로 인류는 많은 것을 얻었다고 생각하지만 그렇지 않다. 세균으로 인류를 보호하고 화학비료로 쌀을 많이 생산하게 된 점은 이익이 분명하다. 그것 말고 또 무엇이 있을까? 철도교통이 발달하면서 편리해졌다는 말도 있지만 많은 사람이 여전히 걷기를 즐긴다. 이는 편리해진 것이지 그 이전이 불편했던 것은 아니다. 그러므로 교통 발달에 큰 비중을 두지 않아도 된다.

이익이 아닌 것에는 무엇이 있을까? 전쟁을 예로 들어도 차고 넘친다. 오늘날 세계가 서로 갈등하고 싸우는 것도 과학이 기계를 만들고 그 기계가 과학을 멸시했기 때문이다. 앞으로 이 폐해가 얼마나 더 커질지 예측도 안 되는 상황이다.

이런 세상사에 여유롭게 수학 따위나 하고 있을 필요가 있느냐고 말하는 사람이 적지 않은 것 같다. 수학은 어둠을 내쫓는 빛이다. 한낮에는 필요 없지만 어둠이 가득한 요즘 같은 세상에 더욱 필요한 존재다. 부디 마지막 말이라도 가슴에 잘 새겨주기를 바라마지 않는다.

세 가지
직관에 관하여

직관이라는 대자연의 지력은 비록 때가 끼어 있다고는 하지만 우리의 일상생활 곳곳에 영향을 끼치며 존재감을 드러낸다.

직관에는 세 종류가 있다. 첫 번째 직관은 인간에게 실존감과 긍정감을 부여해주는 감각이다. 자명한 것을 자명하게 보는 것도, 차갑거나 따뜻한 것을 구별할 수 있는 감각도 이 직관에 기반을 두고 있다. 잘못을 찾아내어 고치는 행위도 이 직관에서 나온다. 굳이 말하자면 믿음 그 자체다. 믿음이 없어지는 순간, 인간은 인간이 아니게 된다. 믿음이 없으면 시시비비를 가릴 수도 선악을 구별할 수도 없게 되고 조현병과 같은 상태에 빠진다. 자신이 무엇을 하는지도 알지 못하지만 겉으로 보기에는 멀쩡해서 의사가 환자로 취급해주지도 않는다.

이 직관을 활용하면 에너지 소비가 극대화한다. 사리사욕을 줄이고 마음의 때를 벗겨내지 않으면 이 직관은 나오지 않는다. 정신 통일을 중시하는 옛 검술가의 노력 역시 크게 보면 이 직관에서 나온 것이다. 그들은 에너지 소모를 방지하기 위해 금욕적인 생활을 했으나 여전히 에너지 소모가 컸다. 검술가들이 대부분 단명했다는 사실로도 이는 확인된다.

두 번째 직관은 좋은 선율을 들었을 때 좋다고 판단하는 감각이다. 제비꽃을 보고 아름답다고 말할 수 있는 것도, 이 세상에 진·선·미가 존재하는 것도, 좋은 것을 좋다고 하고 싫은 것을 싫다고 하는 것도 모두 이 직관 덕택이다.

세 번째 직관을 말하기 전에 자리에서 한번 일어나보기 바란다. 단숨에 일어섰는가, 아니면 비틀거리며 힘겹게 일어섰는가? 아무튼 일어서긴 했을 것이다. 이는 찰나의 순간 온몸의 근육이 움직였음을 의미한다. 신기하지 않은가? 자세히 생각해보면 당신이 일어나려고 한 생각의 결과 일어난 행동이라는 사실도 알 수 있다. "스스로 나타나고 스스로 본다"라는 말도 여기에서 나온 것이다. 무의식적으로 한 행위들이 이러한 과정 끝에 일어난 것임을 알게 되는 직관이다. 행위에 드러난 것이 좋은 것인지, 말과 행동의 중간에 이상한 면이 섞여 있는지 등을 알아채지 못하니 위험한 면은 있다. 아무튼, 첫 번째 직관과 두 번째 직관을 제대로 익힌 뒤 세 번째 직관을 다루어야 하는 것도 그래서다.

이러한 직관을 자연계에서 자주 발견할 수 있다. 파브르가 신기하게 여긴 곤충의 본능 역시 이것이다. 관찰하는 자신과 관찰당하는 자신을 나누어서 생각하게 되는 것도 이 직관 덕분이다. 직관이 뒷받침되지 않으면 제대로 관찰할 수도 비판할 수도 없는 것도 그런 이유에서다. 직관만으로 바로 행동에 옮기는 것은 이 세 번째 직관이 개입한 결과다.

몽상검(夢想劍: 등 뒤에서 다가오는 그림자를 무의식중에 베어 버릴 수 있는 경지_옮긴이)은 이토 잇토사이에서 미코가미 텐젠으로 이어졌으나 야마오카 텟슈에서 끝이 났다. 텟슈가 '몽상검'을 익히게 된 경위를 살펴보자. 그는 자신의 스승이었던 아사리 마타시치로를 이기지 못했다. 그로 인해 그는 몇십 년 동안 우울함에 빠져 지냈다. 그러던 어느 날, 둑길을 걷는 중에 갑자기 기분이 좋아졌고 우울함 따위는 거짓말처럼 사라져버렸다. 그는 즉시 스승에게 달려가 결투를 청했다. 스승은 그의 자세를 보자마자 죽도를 내던지며 이렇게 말했다.

"이것이야말로 몽상검의 경지로군! 야마오카, 스승은 기쁘다!"

텟슈 자신은 기분이 좋아졌다고 느꼈을 뿐이었다. 그러나 스승은 그것이야말로 몽상검이라는 사실을 간파했다. 이것이 세 번째 직관의 단적인 예다. 더 정확히 말하면, 그의 본능적 직관이 마타시치로로 하여금 죽도를 내던지게 한 것이었다. 세 번째 직관을 깨달으면 자연스럽게 텟슈와 같은 사고가 가능하다.

소세키는 문학을 '갈탕을 만드는 일'에 비유했다. "처음에는 쉽게 휘저을 수 있지만 점점 굳어져서 젓기 어려워지는 순간부터 문학이 시작된다"라는 말은 바로 이 직관을 가리킨다.

선하게 살려는 사람에게 인생은 살아내기 어려운 과정이다. 세 번째 직관이 눈을 떠갈수록 자신의 한계를 알게 된다. 그 한계를 극복하기는 너무도 어렵다는 사실 또한 깨닫기 때문이다. 잇토사이가 "이긴다는 생각으로 시합을 하지 않는다"라고 한 말의 핵심도 이것이다.

세 가지 직관을 모두 겸비해야 진정한 지력을 발휘할 수 있다. 그러나 일반적으로는 첫 번째 직관만을 지력으로 여기는 사람들이 많다. 진정한 지력을 '진지(眞智)'라고 한다면, 거기에 때가 낀 상태를 '망지(妄智)'라고 하고, 그 위에 때가 한 겹 더 덮여 있는 상태를 '간지(奸智)'라고 한다.

바깥쪽에 묻어 있는 때를 벗겨내도 그 아래에는 '망지'라는 때가 남는다. 망지는 녹처럼 눌어붙은 때는 아니다. 다만 휘광을 방해하는 요소이기는 하다. 평소에 이것을 느끼기는 어렵지만 없으면 빈자리가 확실히 느껴지는 사람을 판별하는 능력이다. 중학생 시절 "누군가에게 그리움(miss)의 대상이 되는 사람이 되어라"라는 말을 들은 적이 있는데, 그리움을 뜻하는 단어 'miss'가 이 맥락에서 사용된다.

인간을 제대로 구별할 수 있는 사람은 극히 적다. 단순히 좋은 것을 좋다고 하는 것보다 훨씬 복잡한 문제다. 이는 지력에 때가 끼어 있기 때문이다. 그 때를 벗겨내기만 해도 훌륭한 사람을 한눈에 알아볼 수 있게 된다.

때를 벗겨내는 데는 몰입이 효과적이다. 모든 잡념을 버리고 무언가에 몰입하다 보면 몸도 마음도 가벼워진다. 이윽고 소음조차 거슬리지 않게 된다. 심지어 위장이 굉장히 아플 때도 아프다는 감각은 남지만 아프다고 느끼지 않게 될 정도다. 한마디로, 세상 자체가 변한 것처럼 여겨진다. 이는 어떤 신비한 힘 때문이 아니다. 본디 사람의 마음이 그렇게 되어 있는 까닭일 뿐이다. 사람의 마음에는 녹이 슬어 있는데, 몰입이 그 녹을 벗겨내는 역할을 한다.

무차별지(無差別智)라는 것이 있다. 의식이 각성하면서 함께 발동하는 지력을 말하는데, 이는 이성의 핵심을 이룬다. 무차별지는 정서의 중심을 관통하는 지력으로도 알려져 있다. 이것은 우리의 일상과 밀접한 관련을 맺고 있는데, 아이러니하게도 이것을 자각하거나 중요하다고 생각하는 사람은 드물다.

무차별지는 순수한 직관과 통한다. 명백한 것을 명백하다고 인식하는 힘이다. 무차별지가 있기에 인간 지능도 의미가 있다. 이를 무시한 지능지수는 '지능모사'에 지나지 않는다. 무차별지의 힘이 약하면 앵무새처럼 들은 말만 반복하게 된다. 명백함 따윈 없으니 독자적인 견해를 피력할 수도 없다. 자연스럽게 모든 토대가 불안해져 다른 이의 명백함에 의지하게 된다. 타인을 거울삼아 모든 것을 따라 하는 줏대 없고 소신 없는 사람이 되고 만다.

무차별지가 뒷받침되면 자신의 주장을 당당히 피력할 수 있다. 갈릴레오가 시대를 앞서가는 주장을 펼칠 수 있게 한 힘도 무차별지에서 나온다. 의혹이나 불안도 이 지력에서 비롯된다. 파브르는 "벌에도 표정이 있다"라고 말했다. 그는 "이따금 벌은 무서운 표정을 짓는다"라고도 했다. 위대한 곤충학자 파브르의 지력은 동물적 본능까지 관통했다.

뇌종양이 대뇌 전두엽을 압박하면 어떤 일이 일어날까? 환자의 말투에는 큰 변화가 일어나지 않는다. 다만 앞뒤가 맞지 않는 이야기를 늘어놓을 뿐이다. 종양을 제거하면 대뇌 전두엽의 기능을 회복한다. 일상생활이 가능하다고 판단하는 기준은 무엇일까? 자기가 한 말에 의혹을 느끼는 표정을 지으며 말을 중단하기 시작할 때다. 이때 작용하는 것이 무차별지다.

대뇌외과의와 함께 〈벤 케이시(Ben Casey)〉라는 의학 드라마를 본 적이 있다. 그 의사는 드라마 주인공인 벤 케이시가 환자의 움직임과 표정을 잠깐 본 것만으로 병을 판단하는 장면이 실제와 비슷하다고 말했다. 아주 세세한 면까지 충실한 고증을 거친 훌륭한 드라마라고 높게 평가했다. 나 역시 잘 만들어진 드라마라고 감탄했다.

대뇌수종은 대뇌 전두엽의 기능을 다 하지 못하게 하고 무차별지를 활용하지 못하도록 방해한다. 여기에 사리사욕이 자리 잡으면 비슷한 증상을 보인다. 일부 정치인들이 아무렇지도 않게 막말하고 비리를 저지르는 것만 보아도 알 수 있다. 도덕을 제대로 배우지 않으면 학문에 정진할 수 없는 것도 이와 같은 맥락에서 이해할 수 있다.

무차별지란 의지로 조절할 수 있는 지력이 아니다. 개인의 의지보다 큰 의지가 작은 의지의 사이사이에 관여하는 과정에 일어난다.

학문을 즐기는 경지

'지성의 자주성'은 그리스 문화의 특징이다. 지성에 제약을 두지 않고 자유로운 이성을 부여한 나라는 그리스뿐이다. 인도나 중국에는 지성의 자주성이 없다. 이들 나라에서 과학이 눈부시게 발달하지 않은 것도 그런 이유에서다. 수학의 역사를 살펴보아도 그 점을 간파할 수 있다. 만인의 비판을 견딜 수 있는 형식은 대부분 그리스에서 유래했다. 그리스 이전을 '수학사의 이전'이라 이야기하는 것도 그래서다.

지성과 이성은 서로 다르다. 지성은 이상을 포함한다. 그 이상을 가장 먼저 발견한 것이 그리스 문화이며, 그 이상을 대표하는 것이 플라톤 철학이다.

그리스에 있었던 중요한 것들이 로마 시대에 이르러 모두 사라졌다는 자각이 싹텄다. 르네상스 시대에 이르러서였다. 당대의 사람들 사이에는 과거의 것을 그리워하는 정서가 짙게 배어 있었다. 이는 갈릴레오의 표현 방식을 보아도 대강 알 수 있는 사실이다. 갈릴레오는 과학 자체보다 '과학자 정신'을 중시했다. 그의 인생을 들여다보면 그 점을 분명하게 엿볼 수 있다. 갈릴레오는 관념론을 타파하고자 했으며, 자신의 눈으로 보거나 확인한 것만을 표현하고자 했다. 여기에도 이성 존중이 중심을 이룬다.

데카르트는 이성의 개념을 명쾌하게 정리했다. 이성은 문화에 접근하는 하나의 수단에 지나지 않는다. 이런 사실을 깨닫기 시작한 것은 뉴턴 시대에 이르러서였다. 뉴턴은 자신을 '해변의 자갈밭에서 조개를 줍는 어린아이'에 비유했다. 그는 왜 그런 비유를 사용했을까? 이성을 수단으로 하여 자신의 무력함을 드러냄과 동시에 눈앞에 펼쳐진 망망대해가 주는 막연한 느낌을 표현하려는 의도가 배어 있다고 본다. 망망대해는

'문화'를 지칭한다.

19세기에 들어서면서 사람들은 수학뿐 아니라 문화의 본질, 혹은 문화 자체에 시선을 돌리기 시작했다. 그들은 이상이 무엇인지 분명히 자각하게 되었다. 그런 의미에서 19세기를 '이상에 집중한 시기'라고 규정해도 지나치지 않을 것이다. 괴테가 쓴 『파우스트』와 『빌헬름 마이스터』도 이상을 다룬 대표적인 작품에 속한다. "술의 신 바쿠스의 지팡이를 가진 자는 많아도 그의 풍모를 지닌 자는 매우 적다"라는 쇼펜하우어의 말도 이상과 관련이 있다. '지팡이'는 수단을, '풍모'는 문화를 의미한다. 쇼펜하우어는 결국 그리스 시대로 돌아가라는 말을 하고 싶었던 게 아닐까? 그는 그리스 문화를 넘어 동양 문화에도 발을 들이고 싶어 했으나 뜻을 이루지는 못했다. 그렇더라도 그는 이상이란 무엇인지 명확히 이해하고 있었다.

수학의 세계도 마찬가지다. 자신이 무엇을 이상으로 삼는지 확실히 알고 그 이상을 실현하기 위한 길을 보여주고자 야심차게 논문을 쓴 학자가 있었다. 독일의 수학자 리만(Georg Friedrich Bernhard Riemann, 1826~1866)이 바로 그다. 수학의 역사를 연구하는 사람들에게 리만의 자유분방한 정신을 배우라고 권

유해주고 싶다. 갈릴레오 시대의 정신과 이상은 관념론을 타파하기 위한 수단이었다. 그에 비해 리만의 이상은 영원성을 추구하는 정신이었다. 뉴턴이 말했듯, 리만은 자유분방한 가운데서도 겸허한 삶을 살았다. 그가 이상을 발견할 수 있었던 비결이기도 하다.

이상과 이성의 차이는 무엇일까? 이상은 인간이 쉼 없이 나아가게 하지만 이성은 현실에 머무르게 하고 나아가지 못하게 한다는 점이 가장 큰 차이가 아닐까? 공자는 처음에는 학문에 힘쓰고, 다음에는 학문을 좋아하며, 마지막에는 학문을 즐기는 경지로 나아가는 길을 제시했다. 『논어』를 통해서였다(엄밀히 말하자면, 『논어』는 공자가 아닌 그의 제자들의 업적인 셈이다). 아무튼, 여기에서 학문을 즐긴다는 것은 학문 안에서 삶을 영위하는 것을 뜻한다. 공자는 자신이 학문을 좋아해도 학문을 즐기는 경지까지는 이르지 못했다고 고백했다. 놀랍게도, 그는 자신이 가장 아끼는 제자 안회에게 "너는 학문을 진정 즐길 줄 아는 사람"이라고 칭찬했다.

그런 생각을 하며 나는 학문 안으로 깊이 숨어 들어가 학문에 심취했고 학문을 즐겼다. 논문이 잘 써지든 말든 개의치 않았다. 학문을 즐기는 생활 그 자체로 충분했다. 공자도 이르지 못한 '학문을 즐기는 경지'에 이르렀던 셈이다. 이는 학문 자체가 발달했기에 가능한 일이었다. 확실히 말해서, 공자 시대의 학문에는 '지성의 자주성'이 없었다. 그러므로 학문 안에서 살고자 해도 쉽지 않았을 터다.

마음의 눈으로 보는 수학

수학교육에 관해 한마디 하고 싶다. 수학은 사람의 마음을 지성의 문자판에 표현하는 학문이자 예술의 한 분야다. 수학교육의 큰 의무는 개인의 마음에 있는 수학을 성장시키는 데 있다. 최근의 수학교육을 보면 그 점을 이해하고 있는지 의심이 든다.

수학을 가르치려면 먼저 수라는 개념을 가슴에 아로새겨야 한다. 어린아이들은 시공간과 자연보다 숫자라는 개념을 먼저 터득한다. 숫자라는 개념은 나도 정확히 정의 내리기 어렵다. 어쩌면 그것은 자연으로부터 배울 수 있는 내용이 아닌지도 모르겠다. 그러면 어떻게 배울 수 있을까? 숫자의 개념은 애초 우리 마음 안에 있는 것일 수도 있다.

그런 터라 자연에 기대어 숫자를 이해하게 하는 교육방식은 잘못되었다고 본다. 칠판에 적은 도형이나 수식은 자신의 것이 아니다. 이는 자신과 대응하는 자연의 것이다. 이 사실을 아는 사람은 극소수에 지나지 않는다. 색분필이나 그래프 등을 화려하게 보여주는 행위도 되도록 하지 않았으면 한다. 아이의 감각이 이에 자극받아 마음 표면에 거친 물결을 일으킬 수 있기 때문이다. 그러니 책상에 앉아 책만 보고 공부하기보다는 이곳저곳을 거닐면서 마음으로 수학을 배우는 것이 훨씬 유익하다. 실제로 과거의 대수학자들도 그런 식으로 공부했다.

칠판이나 연필과 같은 외적 측면에 의지하다 보면 계산을 통해서만 올바른지를 판단할 수 있게 된다. 이는 등불 하나 없이 어둠 속을 걷는 일이나 마찬가지다. 어둠을 빠져나가기는커녕 점점 더 깊은 어둠에 빠질 위험이 있다. 애초에 빛이라는 개념을 모르니, 자기가 어둠 속에 있다는 사실조차 알기 어렵다.

진정한 수학이란 칠판에 쓰인 글을 눈으로 보는 것이 아니라 마음에 있는 것을 마음의 눈으로 보는 것이다. 이를 '군자의 수학'이라 부른다. 이 과정을 잘 수행하면 자신이 한낮의 환한 빛 아래 놓여 있다는 사실을 자각하게 된다. 이는 자신의 올바른 이해로 이어져 계산이라는 번거로운 과정을 거치지 않더라도 직관으로 답을 알 수 있다.

계산의 이점은 이후 검산 과정을 통해 오류를 찾아내는 데 있다. 종이 위에 자취가 남는 필산이 주산보다 뛰어나다. 마음의 눈으로만 보면 부주의로 인한 실수가 발생하기 쉽다. 이를 고치기에는 계산이 유용하다. 내 논문만 하더라도 수정된 논문을 따로 보내야 할 정도로 부주의로 인한 실수가 잦았다. 하지만 이런 실수가 잦다는 것은 본질에서 큰 잘못이 없다는 걸 의미한다. 그 반대로, 실수가 없던 논문에 이런 실수가 발견되면 치명적이다. 그 사람이 생각하는 본질 자체가 틀렸다는 것을 드러내 보여주는 증거가 되기 때문이다. 이러한 부주의로 인한 실수를 찾아내는 일은 계산을 통해 가능하다. 오해해서는 안 된다. 다른 능력은 없이 오직 계산 능력만 월등히 앞선다고 좋은 것은 아니기 때문이다. 이런 사람은 다른 사람의 실수를 비판할 수는 있어도 비판을 뛰어넘은 미지의 영역에 다다를 수는 없다.

수학교육의 목적은 계산이 아니다. 굳게 닫힌 마음의 문을 억지로라도 열어 신선한 바람을 쐬게 해주어야 한다. 수학교육은 대자연의 직관이 인간의 마음 중심에 닿도록 하는 데 큰 도움을 준다. 우리의 통념대로, 계산을 잘하게 해주는 차원의 문제가 아니다. 우리는 한 인간을 계산기로 만드는 일을 목적으로 삼지 않는다.

제대로 파악하고 주저 없이 행한 뒤 그 답이 옳다는 믿음을 가지도록 가르쳐야 한다. 그러니 답도 공식을 쓰면서 구하기보다는 머릿속에서 충분히 정리한 후 한 번에 써 내려가는 편이 좋다. 일단 연필을 들면 주저해서는 안 된다. 이는 모든 주저함과 미련을 없애는 마음가짐이다. 연필만 재빨리 집어 들고는 우물쭈물하며 써 내려가지 못한다면 무슨 소용이 있겠는가. '제대로 파악하고 주저 없이 행한 후'라는 것은 머리 회전, 즉 수학적 영역을 뜻한다. '그 답이 옳다는 믿음을 가져라'라는 것은 형식에 너무 얽매이지 말라는 의미다. 정해진 형식에 따라야만 답이 나오는 것은 수학이 아니다. 결과가 있다는 확신만 가지면 된다. 그 점을 믿고 답을 도출했다면 과정은 신경 쓰지 않아도 된다. 공식이 아니면 손을 못 대고, 형식에 의지해야만 자신을 깨닫는 사람도 있다. 이런 자들을 가리켜 '어둠 속을 헤매는 사람들'이라고 부른다.

교사들은 공식에 지나치게 의지하고 아이들에게도 그것을 강요한다. 사정이 이렇다 보니 폐해는 갈수록 심해진다. 수학의 본질은 '믿음'이다. 학자는 자기주장에 대한 확고부동한 믿음이 있고 흔들리지 않는 믿음을 가졌을 때 발전한다.

수학사 최고의 괴짜 카를 프리드리히 가우스(Carl Friedrich Gauss, 1777~1855)를 소개하고자 한다. 가우스는 열 살 무렵에 1부터 10까지 순서대로 더하면 어떤 숫자가 나오는지를 '$10\times(1+10)\div2=55$'로 나타냈다. 그 후에는 코시의 제1 정리를 무시하고 세 자리 소수를 1로 나눈 값을 소수점 이하 40자리까지 구하는 일을 놀이 삼아 즐겼다. 거기에서는 그 나름대로 고민이 담겨 있는 선함과 아름다움이 묻어나왔다. 그는 조수를 구해 계산해보라는 조언을 듣고 불같이 화를 냈다고 한다. 가우스가 '수학의 여왕'이라고 칭한 산수 공식이야말로 초등학교에서 가르쳐야 할 것으로 생각한다. 누가 하면 수도방식(水道方式. 1958년 무렵 제창된 필기를 기본으로 하는 수학교육법_옮긴이), 누가 하면 '수학의 여왕'이 된다. 사람에 따라 이렇게 다르다. 이것이 수학이다.

수학은
어학이 아니다

자연을 따르는 삶. 이것이 내가 인생을 살아가는 방식이다. 나는 자연 순응주의자다. 내 연구는 밤에 하는 일과 낮에 하는 일로 나뉜다. 그렇다고 계절이나 달에 따라 확실한 구별 기준이 있는 것은 아니다. 그때그때 생리 상태에 따라 야행성이 되기도 하고 주행성이 되기도 한다. 자연에 거스르지 않도록 주의를 기울일 뿐이다. 밤에 이불을 덮고 누워 생각하다 보면 동틀 무렵까지 생각이 이어질 때도 있다. 아무것도 보이지 않을 정도로 어둡지만 마음의 눈으로 보는 것이기에 등불은 필요 없다.

지금 나는 21번째 논문을 쓰고 있다. 평균적으로 2년에 한 편꼴로 쓴다. 하루에 노트 3페이지 정도 쓰니, 2년이면 2,000 페이지 정도 된다. 이를 20페이지 분량의 논문으로 만든다. 논문 분량은 2년간 쓴 글의 100분의 1쯤 되는 셈이다. 자연의 흐름에 몸을 맡기는 것은 이 정도 비율로 적당하다.

대자연의 법칙은 위대하다. 무서울 정도로 많은 개구리 알에서 성체가 되는 것은 단 하나뿐이다. 10개를 생각해도 진짜 성체는 하나뿐일 가능성이 크다. 그 가능성에서 '진짜의 진짜'도 하나뿐일 가능성이 크다. 100분의 1은 '가능성의 가능성'이라 할 수 있다. 가능성의 가능성이란 '희망'을 뜻한다.

나의 연구 목표가 15년쯤 후에는 어느 정도 이루어지리라 생각한다. 문제는 나 자신이다. 지금 내 나이 예순둘이니까 앞으로 10년은 그럭저럭 더 할 수 있다고 해도 그 이후로는 장담하기 어렵다. 이 바통을 다음 주자에게 넘겨주고 싶지만 그렇지 못한다 해도 상관없다. 나쓰메 소세키는 『명암』을 집필하던 중 세상과 작별을 고했다. 나름대로 괜찮은 삶이었다고 생각한다. 마쓰오 바쇼(1644~1694. 에도시대 전기의 하이쿠 시인으로 높은 예술성으로 일본뿐 아니라 전 세계적으로 알려져 있다._옮긴이)의 "눈 덮인 나무, 부러진 가지 속이, 더욱 하얗네"라는 하이쿠(일본 정형시의 일종. 행마다 5/7/5음으로, 모두 17음으로 이루어진다. 계절을 나타내는 단어인 '키고'와 구의 매듭을 짓는 '키레지'가 반드시 들어가 있어야 한다는 규칙이 있다._옮긴이)를 통해 그가 자신의 운명을 의식하고 있었음을 알 수 있다. '더욱'이라는 말을 보면 가슴에 와 닿는 게 있다. 수학사를 보더라도 살아 있는 동안 바통을 넘겨주는 사례는 거의 없다. 나는 수학이란 시간을 사이에 두고 배우는 학문이라 생각한다.

수학과 어학이 비슷하다고 주장하는 사람이 더러 있다. 데라다 도라히코 선생도 그중 하나다. 그는 "수학은 어학이다"라고 단도직입적으로 말했다. 나는 다르게 생각한다. 데라다 선생이 말하는 수학은 엄밀한 의미에서 수학이 아니다. 진정한 의미에서의 수학을 그가 몰랐던 게 아닐까 싶다. 어학과 일치하는 면만 있다면 수학의 존재 의의는 사라진다. 문제도 생긴다. 수학은 인간성의 본질에 기초를 두고 있다. 수학이 6,000년이라는 긴 세월 동안 사라지지 않고 이어져 내려온 것은 그런 이유에서다.

수학과 물리학이 비슷하다고 생각하는 사람이 적지 않다. 그러나 수학은 물리학과 다르다. 직업을 가진 사람에 빗대어 말하자면 수학자는 씨를 뿌려 곡식을 수확하는 농부다. 무에서 유를 만든다. 수학자는 종자를 잘 골라 밭에 뿌리고 싹을 틔워 크게 자랄 때까지 지켜보는 사람이다. 크게 잘 자랄지 그렇지 않을지는 종자에 달려 있다. 그에 반해 이론물리학자는 '소목장이(나무로 가구나 문방구 따위를 짜는 일을 직업으로 하는 사람_옮긴이)'에 가깝다. 비유하자면 그는 가공업에 종사하는 사람이다. 다른 사람이 만든 재료를 조합하여 뚝딱 다른 도구를 만드는 사람이다.

마지막으로 한마디 덧붙이고 싶다. 내 눈에는, 최근 10대와 20대 여성의 표정이 급격히 변한 것처럼 보인다. 왜 그런 변화가 나타났을까? 세상의 급격한 변화 흐름이 여성들의 표정에 스며든 결과가 아닐까 싶다. 아무튼, 젊은 여성들의 표정 변화는 10년도 안 되는 짧은 기간에 극적으로 일어났다. 어떻게 그런 일이 가능했을까? 여성들이 정서의 중심을 관통했기 때문이라고 본다. 정서상 여성들은 어머니 얼굴을 보며 비슷한 표정을 짓고 행동을 배우는 아이처럼 무엇이든 빠르게 습득한다. 여성이 지닌 정서의 중심에는 강력한 힘이 내포되어 있기 때문이다.

정서 중심의 조화가 이루어지지 않은 사람의 마음은 쉽게 부패한다. 그리고 그것은 사회와 문화에도 천천히, 그러나 분명하게 영향을 끼친다. 이렇게 보면, 사계절이 뚜렷한 일본에서 봄에 나비가 사라지고 여름에 반딧불이가 사라진 사실이 얼마나 위험한 일인지 알 수 있다. 아마도 농약의 영향 탓일 것이다. 농약을 듬뿍 뿌려서 사다리를 타고 올라가야 할 만큼 거대한 호박을 생산한들 무슨 의미가 있는가. 호박을 기르고 생산하는 방법이 집 안의 자그마한 문이라고 한다면 제비꽃과 나비가 날아다니는 들판은 '대문'이다. 이처럼, 그 두 가지는 서로 바뀔 수도 없으며 간섭해서도 안 된다. 정서의 중심이 인간의 대문이라는 사실을 좀 더 많은 사람이 알게 되기를 바란다.

계산도 이론도 없는 수학의 세계

내 고등학교 친구 중에 마쓰하라라는 녀석이 있다. 마쓰하라는 나와 같은 대학 같은 과에 함께 진학했다. 대학교 2학년 수업에서 우리는 니시우치 선생에게 헬름홀츠(Hermann Von Helmholtz, 1821~1894)의 자유운동 원리를 함께 배우고 감동했다. 수업 시간에 선생님이 다음과 같은 농담을 던졌던 기억이 난다.

"해삼을 처음 먹어본 놈도 대단하지만, 헬름홀츠도 대단하다!"

마쓰하라는 마리우스 리(Marius Sophus Lie, 1842~1899)의 『변환군론』을 독파하겠다는 포부를 밝혔다. 그는 700페이지에 달하는 세 권짜리 독일어 원서를 옆구리에 끼고 편한 복장으로 도서관으로 등하교했다. 수업은 들어가지 않았다. 마쓰하라는 학업에 매진하는 그 도서관의 분위기를 좋아했다. 성실하게 수업에 출석하던 나와는 늘 정해진 장소에서 마주치고 지나쳤다. 그때마다 우리는 서로 이름을 부르고 손을 흔들며 활기차게 인사 나누곤 했다.

그 후 미분기하학 시험만 통과하면 졸업할 수 있었던 마쓰하라는 시험 날짜를 하루 착각하는 바람에 시험을 치르지 못했다. 당시 강사였던 나는 동료 출제자에게 추가시험을 보게 해달라고 간청했다. 동료 강사는 교수회의의 허가가 필요하다느니 어쩌니 하면서 들어줄 생각을 하지 않았다. 마쓰하라는 자신만만하게 이렇게 말했다.

"저는 이 강의를 모두 들었습니다(공책 정리를 모두 마쳤다는 뜻이다). 시험 볼 준비도 다 되었죠. 이제 제가 할 일은 없습니다. 학교 규칙이 어떻든 저랑은 상관없는 일입니다."

그는 그 말을 남기고 집으로 돌아갔다. 당연히 졸업장도 받지 못했다.

마쓰하라의 당당한 태도에 나는 압도되었다. 그때의 나로서는 시도해보지 못할 일이기도 했다. 머릿속에 그 친구를 떠올릴 때마다 그 날의 기억이 되살아났다.

당시 졸업장을 받지 않고 수학을 계속한다는 건 불가능에 가까웠다. 그런 터라, 그 후로 마쓰하라의 얼굴을 볼 수도 소식을 들을 수도 없었다. 고향으로 돌아가 어부가 되었을지도 모를 일이었다. 돈 많은 어부의 아들이라는 소문도 있었으니 말이다.

마쓰하라를 생각하자니 불현듯 다음의 문장이 떠올랐다.

"그런 것이 나는 되고 싶다."

미야자와 겐지(1896~1933. 일본에서 가장 사랑받는 동화작가이자 시인_옮긴이)의 작품 『봄과 수라』에 나오는 문장이다. 느닷없이 내 머릿속에 왜 이 문장이 떠올랐는지는 알 수 없다.

바쇼가 남긴 다음의 글귀도 떠올랐다.

배움은 늘 함께해야 하며, 나와 문대(서적 등을 올리기 위해 사용된 책상 형태의 받침대_옮긴이) 사이에 간발의 차이도 있어서는 안 된다. 떠올린 것은 즉시 표현하여 그곳에 다다르기까지 망설임이 없어야 한다. 문대를 내리는 순간, 그 글은 쓸모없는 것이 된다.

마쓰하라와 나의 스승이었던 니시우치 선생은 선행에 관해서도 이야기했다. 그는 "선행이란 적절할 때 행하는 것"이라는 공자의 가르침을 인용했다. 공자의 말을 뒤집어 생각해보면, 적절하지 않은 때에 행하는 것은 선행이 아니라는 의미다. 비록 선한 의도에서 나온 행위일지라도 말이다. 공자의 말대로, 모든 일에 적절한 때가 있듯 선행을 베푸는 일에도 적절한 때가 있는 법이다.

프랑스의 작가 앙드레 지드의 선행론도 흥미롭다. 그는 '무상의 행위'라는 개념으로 선행에 관해 설명했다. 이는 동양식 선행의 개념과 비슷하면서도 다르다. 동양식 선행이란 '약간의 타산이나 분별이 개입하지 않은 행위'지만 그것이 무상인지 아닌지는 분별하지 않는다.

이처럼 타산과 분별에 개입하지 않은 행위에 영향을 주는 것은 '순수직관'이다. 이것은 앞에서 말한 '진지'와 일맥상통

한다. '지력'이라는 말로 대신해도 문제가 없다. 지력의 빛은 대다수 사람의 감각, 지성, 정서 순으로 비춘다. 대개는 윗선에서 그치기 마련이다. 가장 아래에 위치한 마음 부분의 지력에 빛이 닿기는 어렵다. 수천 미터 심해에 햇빛이 스며들지 못하는 것과 같은 이치다. 지력이 비추지 않으면 존재감이나 긍정감이 옅어진다. 육체는 존재하나 마음이 존재하지 않는 상태와 다름없게 된다. 물질주의에 가까운 상태다.

지력에는 두 종류의 때가 끼어 있다. 그중 바깥쪽에 있는 것을 '간지' 혹은 '속세지'라고 한다. 그 안쪽에 있는 것을 '망지' 혹은 '분별지'라고 한다. 지(智) 자체는 '진지'다.

위장이나 치아가 쿡쿡 쑤신다고 하자. 그 현상이 오래 이어지면 누구나 '몸이 아파 견딜 수 없다'고 생각한다. 그런 느낌과 생각이 습관화되어 정착하면 이후에는 모든 일이 그렇게만 보인다. '간지'의 눈이다. 대중은 '간지'를 통해 세상을 본다. '간지'의 눈을 통해 세상을 보면 대중은 사물의 결점만을 찾아내려 한다. 불공평함을 견디지 못한다. 이 두 가지가 대중 마음의 속성이기도 하다. 대중은 문제를 만나면 자신이 아닌 타인에게서 원인을 찾으려 한다. '간지'에는 이보다 더 좋지 않은 시선도 존재한다. 정말이지 끝을 알 수 없는 세계다.

다음으로 안쪽에 있는 때, 즉 '망지'다. 고등학교 1학년 무렵이었다. 나는 하야시 쓰루이치(1873~1935. 일본의 수학자 겸 수학사가(数学史家)_옮긴이)의 『부등식』이라는 책을 읽었다. 그 책의 서장에 이런 글귀가 적혀 있었다.

"인간의 두뇌 수준을 결정하기에 부등식만큼 좋은 것은 없다."

나는 모든 사물에 대소 관계가 있다는 것까지는 이해했다. 그러나 둘 중 무엇을 크다고 해야 하는지는 알지 못했다. 방향도 마찬가지다. 방향이 있다는 것은 알았다. 그러나 어디가 서쪽이고 어디가 동쪽인지는 알 수 없었다. 그 바람에 길을 걷던 중 어느 가게에 들어갔다 나와서 왔던 길로 되돌아간 일도 있었다.

첫 부분만 정확히 이해해도 발걸음이 가벼워진다. 일상에서 맞닥뜨리는 대부분 문제에 곤란을 겪지 않게 된다. 나는 나 자신이 선천적으로 두뇌의 반만 발달했다고 여겼다. 어른이 되고 난 후에야 그 뒷부분이 '망지' 혹은 '분별지'였다는 사실을 알았다.

대학교 3학년 시절의 일이었다. 동기들과 강의실에서 도시락을 먹으며 이야기를 나누고 있었다. 이야기 끝에 내가 이런 말을 했다.

"나는 계산도 이론도 없는 수학을 해보고 싶다."

친구 중 하나가 "그것참 신기한 수학이네!"라고 크게 소리쳤다. 순간, 나도 깜짝 놀랐다. 마침 강의실 바로 옆이 교직원 식당이었다. 순식간에 내 말이 학교에 퍼져나가 화제가 되었다. 나중에 이런저런 이야기를 듣기도 했다.

이후 나는 간절하게 계산도 이론도 없는 수학의 세계에 도전하고 싶었다. 계산이나 이론은 모두 '망지'다. 계산과 이론은 수학의 본체가 아니다. 나는 문제 풀기에 몰입하기 시작하면 손가락으로만 수를 세고 이론이나 공식 따위는 전혀 머릿속에 떠올리지 않는다. 원래대로 돌아오려면 의식의 흐름을 중단해야 하지만 그러면 안 된다고 생각한다.

생각 속에 낀 이 때, 즉 '망지'가 벗겨지면 마음은 가벼워진다. 형태가 자유로워지고 말로 형용할 수 없는 상쾌한 기분에 휩싸인다. 마치 우물 안 개구리가 처음으로 우물을 빠져나와 세상과 마주한 것 같은 기분이라고 할까!

수학의 본질은
조화에 있다

저는 수학을 연구하는 사람입니다. 교수라는 직함을 달고 교육에도 참여해온 셈이지요. 그런 터라, 교육에 대한 고민을 많이 하는 편입니다. 오늘은 교육자로 헌신하는 여러분을 격려하고 조금이나마 힘이 되어주고자 이곳에 왔습니다. 저는 아이들을 교육하는 일에 있어서 그림이 얼마나 중요한지 잘 알고 있습니다. 그러므로 여러분이 그림에 대해 제대로 이해하고 아이들을 가르치기 바라는 마음에 달려왔습니다.

저는 매주 금요일마다 미래의 수학자들을 지도하기 위해

교토대학교 대학원에 옵니다. 지난번엔 주위가 소란스럽더군요. 무슨 일인지 사람들에게 물었습니다. 유리 가가린(Yurii Alekseevich Gagarin, 1934~1968. 러시아 우주비행사)이라는 사람이 온다고 하던가 왔다고 하던가, 그러더군요.

분위기도 그렇고 날씨도 좋았던 터라 수업을 연기하고 시치죠에 있는 박물관에 갔습니다. 무슨 새로운 그림을 전시한다고 해서 기대도 안 하고 들어갔지요. 세상에, 색감이 정말 아름다운 화조화(花鳥畵)가 전시되어 있더군요. 송나라 때 그렸던 그림을 그대로 가져온 것이라는 얘기를 전해 들었습니다. 하얀 동백꽃에 새 한 마리만 그려져 있었어요. 갖고 싶은 마음이 절로 들 정도로 아름답더군요. 그림 안에서 새가 살아 숨 쉬는 것 같았어요. 멀리 떨어져서 숨죽여 기다리면 "지지배배" 울거나 가까이 다가가 손으로 만지려 하면 포르릉 날아가버릴 것만 같았지요. '아름다움'이라는 것이 존재한다는 사실을 새롭게 일깨워주는 순간이었어요.

데라다 선생이 고등학교 시절 나쓰메 소세키를 만난 적이 있었어요. 첫 번째인가 두 번째 만남에 선생은 소세키에게 하이쿠란 무엇이냐는 질문을 던졌다고 해요. 지금 생각하면, 정말 뜬금없는 질문이었지요. 그때 소세키의 대답이 걸작이었어요.

"늦겨울 비에, 장작을 높이 쌓은, 창문의 불빛."

하이쿠를 사용한 대답이었지요. 문장이 그림이 되고 시가 그림이 되는 순간입니다.

저는 그림처럼 재미있는 것도 드물다고 생각합니다. 그림에는 시간의 궤적이 남아 있거든요. 개인적으로, 그림을 감상한다는 것은 그 안에 새겨진 영겁의 시간을 관찰하는 일이라고 생각해요.

가가린이 텔레비전에 나와 무슨 말을 하는지 들어보았습니다. '지구는 좁지만 조만간 달에 가서 살게 될 테니 괜찮다'라는 식의 말을 하더군요. 문득 공간이란 무엇일까 생각해보았습니다. 공간은 눈에 보이기 때문에 착각하게 되는 존재라고 생각해요. 과거에는 물리학적 공간이란 실제로 존재한다고 여겼지요. 그 통념을 깨뜨린 사람이 아인슈타인이에요. 그는 물리학적 공간조차 실제로 존재하지 않을 수 있다는 걸 증명했죠. 그러므로 지금은 '초월공간'이라는 개념밖에 없어요. 참고로, '수학적 공간'이라는 개념은 지금 한창 증명 중입니다.

1937년이었던가, 독일 사람이 수학적 공간이 존재한다는 논문을 발표했어요. 당시는 전쟁으로 어수선한 시기여서 여기에 관심을 두는 사람이 많지 않았지요. 이 이론은 전쟁이 끝난 뒤에야 주목받게 되었어요. 이 논문을 가장 잘 이해한 사람이 제가 알기로는, 일본에 딱 한 명 있어요. 그는 도쿄에 살고 있고, 지금도 아주 작은 방 벽면에 종이를 덕지덕지 붙여놓고 종이를 뚫을 기세로 바라보고 있을 겁니다. 아키즈키 야스오가 그인데요. 제가 잘 알고 신뢰하는 수학자인 그가 확실한 수학 이론이라고 평하는 걸 보니 믿으셔도 됩니다. 이 사람이 있다고 확신하니 저도 그편에 손을 들어주고 싶군요.

공간이란 믿음직스럽지 못하죠? 항성이니 유성이니 하는 것들을 늘어놓은 공간을 우주라고 불러요. 과학이라기보다는 그림에 가깝다는 생각을 하게 되는 것도 그래서죠. 이 넓은 우주에 지구를 제외하고 생명체가 사는 행성이 있을까요? 일부 학자는 이렇게 드넓은 우주에 그런 행성이 없을 리 없다고 얘기하죠. 다른 학자들은 아무 말도 안 하고요. 공간이란 개념도 정확히 모르고 지구 외에는 살 수 있는 별이 있는지도 알지 못하는데, 지구가 좁으니 달에 가서 살면 된다느니 하는 말을 하는 겁니다. 제대로 된 과학자라면 그런 말은 절대 안 할 거예요. 가가린이라는 사람이 지금 소련에서 영웅 대접을 받고 있다고 하더군요. 그런 사람이 저런 말을 했으니 사람들이 흥분하고 열광하는 것도 무리는 아니라고 봅니다. 우주 시대의 개막이니 뭐니, 아무튼 소란스러운 시대군요.

물질이란 무엇인가요? 예전에는 '에테르'라는 정체불명의 물질이 있었어요. 이것은 사라지지 않는다고 믿었죠. 당시에는 '이게 바로 물질이다'라는 식의 이야기를 많이 했어요. 그러나 에테르는 그리 오래가지 못했지요. 에테르가 무대에서 사라지면서 등장한 것이 '초월공간'이에요. 이것은 과학뿐 아니라 수학조차 초월한 개념이죠. 이렇게 되니 더 무슨 설명이 가능하겠어요?

설명할 수 없는 것을 따지자면 '아름다움'도 마찬가지예요. 가장 아름다운 것을 말하라고 하면 남성은 여성의 얼굴을, 여성은 남성의 얼굴을 말하겠지요. 그 아름다운 얼굴이란 무엇인가를 파헤쳐볼 필요가 있어요. 나라 시대에는 둥근 얼굴, 헤이안 시대에는 긴 얼굴, 가마쿠라 시대에는 다시 둥근 얼굴, 도쿠가와 시대에는 또다시 긴 얼굴이었다고 해요. 얼굴이 길어졌다가 둥글어지기를 반복하죠? 이처럼 표준적인 아름다움의 기준을 잡기란 불가능에 가깝습니다.

메이지 시대에는 비너스, 다이쇼 시대에는 할리우드 여배우가 미인의 기준이었죠. 그것이 전후에 또다시 바뀌었습니다. 아름다움이라는 녀석은 정말 어려워요.

아름다움이 실존한다는 건 사실이 아니에요. 아름다움이라는 건 없습니다. 무슨 소리냐고요? 마음이 예쁘면 그것이 아름다움으로 표출되는 것이지 그 반대는 없다는 뜻입니다. 예전에 나라 공원을 거닐다가 순환도로로 나온 적이 있었어요. 신기하게도 트럭이나 버스에서 나는 괴상한 소리가 전혀 거슬리지 않는 거예요. 주위가 소란스럽고 차에서 굉음이 나는 건 객관적 사실이지만 그걸 개의치 않아 하는 것은 정서적인 문제겠지요.

정서를 강조하다 보면 자연스럽게 그림을 강조하게 됩니다. 그러니 여러분은 회화 교육에 자부심을 가져도 돼요. 단, 중대한 책임이 있다는 사실만은 알아주셨으면 해요. 감정에 부조화가 생기면 대부분 책임은 정서 교육을 한 사람이 지게 되거든요.

그럼, 이제 감정에 대해 말해볼까요? 물웅덩이를 생각해보세요. 수면이 쉴 새 없이 일렁이죠? 이게 '감정'입니다. 물 안은 고요해요. 이걸 마음의 본체, 즉 '심성(心性)'이라고 하죠. 쉽게 설명했지만 사실 간단하지 않아요. 사람은 저마다 물웅덩이 안의 물과 같은 특유의 심성과 일렁이는 물결과 같은 감정을 지니고 있습니다.

사람만 독특한 존재가 아닙니다. 참새를 예로 들어볼까요? 참새에게도 참새 나름대로 비상법이 있죠. 급격하게 방향을 트는 데에도 자세히 관찰하면 독특한 방법이 있어요. 자연적인 것이 좋다는 건 이걸 가리키는 말이에요.

위선이 누구에게나 좋지 않게 보이는 건 왜일까요? 그것이 사람 마음에 이는 파도와 맞지 않기 때문이에요. 방법만 잘 지키면 자연스럽게 일치하는 파도, 그것이 바로 '좋은 것'이자 심정(心情)의 아름다움이기도 합니다. 대자연은 수많은 동물 중 인간에게만 오랜 세월에 걸쳐 '정서'를 만들어주었어요.

마지막으로, 수학이란 무엇일까요? 프랑스 수학자 푸앵카레는 "수학의 본질은 조화에 있다"라고 말했어요. 그러나 현실은 참혹했죠. 이론이 아닌 현실에서 조화를 찾아보기도 어려웠고요. 대학 수도 늘어나고 수학 논문 수도 늘어났지만 대부분 미적지근한 내용뿐이었죠. 푸앵카레처럼 수학의 본질을 통찰하려는 사람은 도리어 찾아보기 힘들어졌어요. 이런 불균형에 균형감을 주고 조화를 살리는 데 가장 유용한 것이 바로 예술품 감상입니다. 예술에 수학적 표현은 없지만 본질은 같아요. 서로 통하죠. 문예 부흥기의 그림을 보면 갈릴레오가 아리스토텔레스학파를 눌러버리는 일과 같은 통쾌함을 느낄 수 있습니다. 학문과 예술의 관계를 모르는 사람은 수학적 발견에서 고전하게 될 겁니다. 요즘 과학진흥이니 뭐니 떠들어대는데, 정서를 무시한 채 무엇을 하겠다는 건지 모르겠어요.

돌이켜보니, 저의 어린 시절에는 즐거운 일만 있었네요. 이젤과 화판을 한 손에 들고 그림을 그리러 이곳저곳 돌아다녔지요. 무척 재미있었어요. 선생님이 즐겁게 그림을 가르쳐 주면 나쁠 것은 없어요.

고등학교 때 미술 시간이었어요. 주제를 정해주지 않고 자유롭게 그림을 그리는 시간이 있었지요. 저는 그리스 석고상을 목탄으로 그렸어요. 꽤 재미있더군요. 상황이 여의치 않아 그리 오래 하지는 못했지만요.

작년의 일이었어요. 어느 날, 그림을 그리고 싶은 마음이 간절해져서 그림 도구를 들고 야쿠시지(일본 나라현에 있는 사찰_옮긴이)를 그리러 갔어요. 한데, 여름이 끝나고 햇빛이 약해지니까 제 의욕도 풀잎처럼 꺾이고 말았지요. 올해는 연구에 몰두하느라 짬이 나지 않아서 내년 여름 즈음에나 다시 가볼까 마음먹고 있죠. 그 생각을 하자니 벌써 가슴이 두근거리네요.

흙터는
나무의 일부가 된다

학과는 무엇으로 이루어져 있을까? 마음·자연·사회, 이렇게 세 가지로 분류할 수 있다. 이 중 마음에 속하는 세부 학과는 산수, 역사, 국어, 수신(修身) 과목이다. 초등학교에서는 이 과목들을 중심으로 가르쳐야 한다. 자연에 속하는 이과 계열이나 지리와 같은 과목은 고학년생들을 상대로 조금만 가르치라고 권해주고 싶다. 사람의 마음을 보려면 '진지'의 눈만 있으면 된다.

자연을 보기 위해서는 이와는 다른 분별력이 필요하다. 이 분별력은 '망지'의 일종이다. 그러니 이 방면에 흥미가 생기는 5, 6학년이 되기 전에는 가르칠 필요가 없다. 이 자연에 속하는 과목은 소가 반추 운동 하는 것처럼 두 번 이상 가르치는 것이 좋다. 두 번째로 배울 때야말로 마음 안의 자연에서 끄집어 내어져 소화할 수 있게 되어 '진지'의 눈으로 볼 수 있기 때문이다.

사회를 배우기 위해서는 자기와 타인을 구별할 줄 알아야 한다. 이는 분별의 영역을 뛰어넘은 '자타 분별본능'이라는 본능의 일종이다. 무턱대고 사회를 알려준답시고 이 본능을 키우는 행위는 자제하는 것이 좋다.

절대로 해서는 안 되는 행위에는 무엇이 있을까? 하나는 타인의 결점을 찾아 부정하는 행위다. '비판'이라고도 한다. 아직 보는 자신과 남들에게 보이는 자신의 구별이 제대로 되지 않는 어린아이에게 이러한 비판을 하게 하는 것이다. 결국 이 아이들은 '사지(邪智)'로만 판단하게 되고 학습능력은 향상되지 않는다. 어쭙잖은 단체 활동도 해서는 안 된다. 그럴 시간에 놀게 두는 편이 낫다.

소나무에 상처를 내면 나무가 자람에 따라 커지고 흉터는 나무의 일부가 된다. 흙터로 인한 병충해 폐해는 모든 성장이 끝나고부터 나타나기 시작한다. 사람도 그와 비슷하다. 초등학교 · 중학교 시절에 배운 교육은 17세 무렵에 일부가 되고, 18세 무렵부터 천천히 그 폐해가 겉으로 드러난다. 이처럼 교육이란 여러모로 중요하면서도 무서운 것이다.

고등소학교 시절, 나는 서고를 뒤져 하쿠부츠칸(博文館)이라는 출판사에서 나온 국민 문고부터 시작해 굉장히 두꺼운 책까지 닥치는 대로 읽었다. 친구가 빌려준 『팔백팔 리』라는 책도 재밌었다. 이걸 읽은 후 '시코쿠 지방에는 귀여운 너구리가 많이 살고 있구나'라며 감탄한 적도 있다. 아무튼, 소설이나 동화라면 책 두께 따위는 상관없었다.

독서력의 중요한 요소 중 하나가 '속독'이다. 이 능력이 모자라면 원대한 계획을 세우지 못하게 되는 것이 아닐까 전전긍긍하는 사람도 더러 있는 것 같다. 이 능력을 키우기 위해서는 10대 중후반 무렵에 책을 많이 읽어야 한다.

농업 수업 시간에는 지겨울 정도로 노트 필기를 열심히 했고 그걸 전부 외웠다. 처음에는 수치가 많아 외우기 어려웠으나 포기하지는 않았다. 난로를 끌어안다시피 하고 앉아 필기 내용을 몇 번이고 읽기를 반복한 끝에야 외울 수 있었다.

중학교 입시에 낙방했을 때였다. 이듬해에 합격하겠다는 마음가짐으로 작은 단어장을 만들어 외웠다. 무언가를 필사적으로 외우려는 노력을 처음 한 해이기도 하다. 이듬해에 입학생 증원으로 경쟁률이 6대 1에서 4대 1로 떨어졌다. 시험 성적도 좋았던 나는 당당히 중학교에 들어갈 수 있었다.

중학교 시절에는 기숙사 생활을 했다. 진학률도 높고 시험 공부 위주의 교육을 중시하던 학교였다. 학기마다 두 번씩 일주일에 걸쳐 시험을 봤다. 시험 기간이 되면 전교생이 공부에 집중하는 모습을 볼 수 있었다. 시험은 수학과 암기과목으로 나뉘었다. 수학은 딱히 공부할 필요가 없었다. 암기 과목은 시험 하루 이틀 전부터 통째로 외우는 식으로 공부했다. 어학에 뜻이 있는 친구들과 달리 나는 어학 과목도 단어장 하나로 해결했다. 미리 말해두자면, 이 방법은 어학 그 자체를 공부하는 데는 큰 도움이 안 된다.

어학은 손이 많이 가는 암기과목이다. 어느 날 나는 전날 늦게까지 공놀이를 하고 단어장을 만들었는데, 외울 시간이 없어 교실로 가는 복도에서 훑어보며 시험을 보았다.

암기력은 생각을 온전히 하나로 모아야 발휘될 수 있는 힘이다. 나는 3학년 1학기 마지막 시험지를 제출하고 나오자마자 먹은 걸 다 토했다. 이후 위가 음식물을 받아들이기까지 2주일 남짓 걸렸다.

이렇게 외운 것들은 정신이 흐트러지면 까먹게 된다. 스스로 깨우친 것은 몸에 새겨져 사라지지 않는다. 그러지 않은 것들은 깨진 양동이에 부은 물처럼 증발해버린다.

생각을 하나로 모으는 연습은 학습의 근본이라고 생각한다. 중학생 무렵, 이 연습만 질리도록 했다. 이 연습이 안 된 사람들의 표정에는 느슨함이 느껴진다. 다만, 이 행위는 몸과 마음에 부담을 초래하므로 주의를 기울여야 한다.

진지하게 생각을 하나로 모으는 연습을 시키고 싶다면 그 능력이 자라기 시작하는 초등학교 5학년 무렵이 적기다. 능력을 조금씩 향상하면 정점에 다다를 무렵에는 강력한 암기력을 발휘할 수 있다. 물론 아이들은 고통스럽겠지만 그 고통은 정신통일로 이어진다. 이것은 보는 눈과 보이는 눈이 분리되기 시작한 뒤에는 기르기 어려운 능력이다.

상대적으로 외우기 쉬운 과목은 역사였다. 서술 방식도 명쾌하고 시간 축으로 깔끔하게 배열되어 있기 때문일까? 문화나 인명이 줄줄이 나오는 부분은 고전했다. 영웅들의 전기는 초등학교 저학년 때나 좋아했지 온통 다 외워야 하는 문제로 나오면 그것도 고통이다. 열 살 무렵에는 아버지와 사진을 보면서 '삼색기의 퇴각'이라는 개념을 배웠다. '보불전쟁(1870~1871년)'이었던 것으로 기억하는데, 그걸 보면서 등골이 오싹해지는 느낌을 맛보았다.

교과서 안에 명문장이 나오면 암기하곤 했다. 스키피오 아프리카누스와 명장 한니발의 대결을 보며 감탄하기도 했다. 가장 좋아했던 구절은 "아틸라가 앞으로 나아가는 모습이었다. 맹렬히 타오르는 불 속을 질풍처럼 달려가는 듯 보였다. 사람들은 그를 보고 '신의 채찍'으로 여겼다"다. 오랜 시간이 흐른 지금도 그 구절이 머릿속에 남아 있다.

시험 기간에는 역사 교과서를 한 페이지씩 소리 내어 읽었다. 천장을 바라보며 읽고 틀린 글자는 없는지, 모르는 글자는 없는지 책을 보고 소리 내어 읽는 순서로 암기했다. 전부 읽은 뒤에는 천장을 바라보며 전체 구조를 머릿속에 그려본다. 이

걸로 역사 시험 준비는 끝났다.

역사 시험지는 컸다. 당시에는 붓과 먹을 사용해서 답안을 작성했다. 문제를 읽자마자 붓을 집어 들고 일필휘지로 답을 써 내려가야 했다. 숨도 자주 쉬지 않고, 시험 시간이 끝나기 직전까지 멈추지 않는다. 역사 시험을 보고 나면 오른손이 저렸다.

4학년 때인가 5학년 때인가 학예회 비슷한 행사에 나가 웅변을 하게 되었다. 무슨 주제로 이야기를 할까 도서관을 물색하다가 상당히 오래된 『모험세계』라는 책을 발견했다. 나폴레옹의 성공 원인과 실패 원인을 열 개씩 들면서 비판하는 내용을 담고 있었다. 나는 그 책을 통째로 외워 연단에 섰고 내가 지어낸 이야기인 양 발표했다. 문제는 생각보다 반응이 너무 좋았다는 데 있었다. '사실은 다른 책에서 가져온 아이디어'라는 말을 할 수 없던 분위기여서 묵묵히 서 있기만 했다. 아무튼, 당시 학교에서는 비판적 시선으로 무언가를 바라보도록 유도하는 일은 거의 없었다. 당시의 짓눌린 교육 풍토를 생각하면 당연한 일이었을 수도 있겠지만.

원형은 생명의 불꽃으로 이루어진다

2학년 무렵, 오사카로 이사한 뒤 말투 때문에 고생했다. 아버지에게 배운 표준어로 말하니까 '에돗코(당시 일본의 수도인 에도에서 온 아이를 가리키는 말_옮긴이)'라는 별명이 붙었다. 나는 그 별명이 싫었다. 여름방학에는 고향으로 돌아가 날마다 매미나 여치를 잡으며 놀았다. 개학한 뒤 긍정을 뜻하는 '그려'라는 말의 억양이 기억나지 않았다. 한동안 '여그'라는 괴상한 대답을 하는 아이로 놀림당했다. 마음속으로는 꾸준히 연습했지만 입 밖에 낼 생각을 못 했다. 그 탓에 한동안 아이들과 정상적인 대화가 불가능했다.

'에돗코'라는 별명이 싫었다. 누가 그 별명으로 나를 부르면 득달같이 달려들어 싸웠다. 일대일이 아니었다. 한꺼번에 여러 명의 아이를 상대해야 했다. 허리띠의 금속 부분을 휘두르며 혈투를 벌였다.

그다음으로 고생했던 이유는 '속도' 때문이었다. 아이들 반응 속도도 나와 다른 데다 "야-, 야-, 야-"(아직도 무슨 뜻인지 모르겠다)나 "센-, 센-, 센-"(이건 '선생님'이란 뜻이다) 같은 말을 크고 거슬리게 하면서 운율에 맞추어 번쩍번쩍 손을 들었다. 빠른 거로는 선생님도 뒤지지 않았다. 선생님이 갑자기 나를 가리키면 주뼛주뼛 일어나면서 뭐라 대답해야 할지 몰라 고민스러워하는 일이 잦았다. 애초 다른 아이들이 손을 드는 속도에 압도되어 자발적으로 발표하는 일도 드물었다.

지금까지 초등학교 저학년 때 추억을 늘어놓았다. 무엇을 배웠는지 잘 기억나지는 않는다. 확실히 생각나는 건 아이들이 사회생활 하는 어른처럼 약삭빠르지 않았고, 산수 답도 깔끔하게 떨어졌으며, 번거롭거나 위축될 만한 일도 별로 없었다는 것이다.

학교 밖에서 있었던 일들은 대체로 기억하지만 3, 4학년 무렵에 무엇을 배웠는지는 잘 기억나지 않는다. 중요한 나이이므로 요점을 짚고 넘어가자.

「마법의 숲」은 그 무렵 내가 읽은 작품 중 가장 또렷이 기억에 남아 있다. 지금도 좋아하는 작품 중 하나다. 「마법의 숲」은 『옛날 꽃바구니』라는 책에 수록돼 있던 작품이다. 『옛날 꽃바구니』는 이와야 사자야키 씨를 기념하여 그의 제자들이 펴낸 책이다. 아쉽게도, 나는 이 책을 오래전에 잃어버렸다. 「마법의 숲」은 대략 이런 내용을 담고 있다.

숲속 작은 마을에 한 남매가 살았다. 아버지는 일찍 돌아가셨고, 얼마 후 어머니마저 돌아가셨다. 장례를 치른 뒤, 집은 정적에 휩싸였다. 남매는 마을을 벗어나 더 깊은 숲으로 들어갔다. 남매는 그 숲이 사람들이 두려워하는 마법의 숲이란 걸 알지 못했다.

끝없이 이어지던 빽빽한 나무들이 드문드문해지기 시작했다. 눈앞에 산딸기가 주렁주렁 열린 밭이 나타났다. 며칠 동안 거의 아무것도 먹지 못한 남매는 산딸기를 따 먹으려고 했다. 그때였다. 밭 한가운데에 자란 나무에 앉아 있던 아름다운 새 한 마리가 청아한 목소리로 말했다.

"산딸기 하나에 3년을 잊~는다. 산딸기 하나에 3년을 잊~는다."

그 말을 들은 누나는 산딸기를 먹지 않고 버렸고, 동생에게 먹으면 안 된다고 말했다. 동생은 누나의 말을 듣지 않았다. 동생은 큼지막한 산딸기를 세 개나 먹었다. 그러더니 갑자기 자리에서 벌떡 일어났다.

"숲에서 나갈 수 있을 거야. 내가 가서 보고 올게."

말이 끝나기 무섭게 동생은 달려나갔다.

저물녘이 되도록 동생은 돌아오지 않았다. 새는 누나에게 얼른 자기를 따라오라고 말했다. 숲속에서 하룻밤을 지새우면 마법에 걸려 나무가 되고 만다는 사실을 알고 있었기 때문이다. 누나는 새의 제안을 거절하며 말했다.

"못 가요. 동생이 올 때까지 여기서 기다려야 해요."

한편 숲을 빠져나간 동생은 어떻게 되었을까? 그는 그 마을에서 가장 부유하지만 자식이 없던 집안의 양자가 되어 풍족한 생활을 누렸다. 그로부터 8년의 세월이 지났다. 그러던 어느 날부터 동생은 원인 모를 불안감에 시달리기 시작했다. 기억나지는 않지만, 뭔가 소중한 것을 잃고 살아왔다는 생각에 마음이 괴로웠다. 고뇌 끝에 동생은 양부모에게 허락을 얻은 뒤 여행길에 나섰다. 양자로 들어간 지 11년 만이었다.

2년여 동안 곳곳을 돌아다니던 차에 동생은 눈에 익은 숲을 발견했다. 그곳에서 그는 그 이상한 딸기밭과 다시 마주쳤다. 지난 13년간의 일들이 머릿속에 주마등처럼 지나간 것은 바로 그때였다. 그는 오랫동안 자신을 하염없이 기다렸을 누나를 애타게 찾았다. 누나는 보이지 않았다. 누나가 서 있던 자리에 연약한 나무 한 그루가 서 있을 뿐이었다. 동생은 누나가 자기를 기다리다가 나무가 되었음을 알았다. 그는 눈물을 펑펑 쏟으며 울었다.

그러자 신기하게도 마법이 풀렸다. 누나는 인간의 모습을 되찾았다. 남매는 서로 부둥켜안고 기쁨의 눈물을 흘렸다. 그때였다. 청아한 목소리의 새가 날아와 "이리로 와요"라고 말했다. 두 남매는 새를 따라 무사히 숲을 빠져나왔다. 동생의 양부모는 이야기를 전해 듣고 기뻐했다. 그들은 오래오래 행복하게 살았다.

이야기는 이렇게 끝이 난다. 줄거리만 읽어도 이야기 전반을 감싸고 있는 분위기가 느껴지지 않는가? 나는 누나와 다시 만나는 13년 후가 가까워질수록 동생이 소중한 무언가를 잊고 있었다는 걸 깨닫게 되는 그 정서가 마음에 들었다. 이런 정서는 자비심뿐 아니라 마음의 고향을 그리워하는 느낌이 아닐까? 이를 깨닫지 못하면 인간은 불완전한 존재가 되어 이상을 품지 못한다.

파브르는 "곤충에게 본능을 부여한 자연의 위대함이 이루 말할 수 없이 크다"라고 했다. 인간에게 이상을 부여한 대자연의 위대함은 상상하기조차 어려울 정도다. 이 모든 것은 대자연이 이상을 실현하려고 의도적으로 부여한 것이 아닐까? 이를 갈구하는 마음이 갖추어져 있다면 그 시기는 매우 중요한 때라고 할 수 있다.

기억에 남는 또 다른 작품으로 〈검은머리방울새의 행방〉을 꼽을 수 있다. 당시 초등학생들이 읽는 잡지로는 《소년 세계》, 《일본 소년》, 《소년》 3종이 대표적이었다. 나는 그중 《일본 소년》을 구독했다. 〈검은머리방울새의 행방〉은 이 잡지에 연재되었다.

검은머리방울새 두 마리가 어느 집 정원의 구석에 있는 나무에 앉아 재미있게 이야기 나누고 있었다(정말 미안하지만, 이 이야기 내용은 전혀 기억나지 않는다. 인상을 마음 깊은 곳으로부터 끄집어내는 힘은 수학 연구에 필수적인 것이라 충분히 연습했다고 자부하면서도 이 내용만은 생각나지 않는다. 아무튼, 상당히 멋진 대화를 나누고 있다고 상상해보자). 운 좋게도 공기총을 손에 넣게 된 이 집 소년은 조용히 그 새들을 조준했다. 검은머리방울새는 그 사실을 모르고 있었다. 탕! 소리가 나자 검은머리방울새는 퍼드덕 소리를 내며 하늘로 날아올랐다. 한참 뒤, 새는 '이제 괜찮겠지' 생각하며 나무로 돌아와 앉았다. 한데, 조금 전까지 이야기 나누던 다른 새가 보이지 않았다. 아무리 기다려도 그 새는 돌아오지 않았다. 나무 아래에 붉은 핏자국이 점점이 새겨져 있었지만 새는 전혀 눈치채지 못했다.

이 이야기를 읽고, 나는 남겨진 새를 불쌍히 여겼다. 무자비한 그 소년을 미워하기도 했다. 이웃에 살던 여자아이가 읽고 싶다고 해서 그 책을 빌려주었던 기억도 난다. 돌이켜보면, 그 무렵부터 무자비한 행위를 증오하는 정의감이 내 안에 싹텄던 게 아닌가 싶다. 남을 돌아볼 줄 아는 마음도 사막의 식물처럼 천천히 자라났던 것 같다.

《일본 소년》이라는 잡지에 관해 얘기하고 싶은 것이 하나 더 있다. 4학년 3학기 무렵, 우리는 우치데 해안가로 이사했다. 자식들의 건강에 신경 쓰시던 아버지의 배려였을 것이다. 2킬로미터 남짓 되는 거리를 나는 걸어서 통학했다.

학교 가는 길에 《일본 소년》을 독점으로 팔던 가게가 있었다. 매달 20일 즈음 발매되었던 걸로 기억한다. 그 날을 기점으로 그 가게에 자주 들렀다. 《일본 소년》은 제날짜에 들어오는 법이 없었다. 그 잡지가 들어온 날에는 귀신 목이라도 떼어다 줄 수 있을 것 같은 느낌이 들 정도로 흥분되고 기분이 좋았다.

잡지를 산 뒤 가방에 넣지 않고 소중히 들고 갔다. 표지를 보면 대략적인 내용을 알 수 있으므로 보지 않으려 했다. 기차에 타도 고민은 계속되었다. 집까지는 제법 시간이 걸렸다. 고민하는 그 시간이 아깝다고 생각하면서도 잡지를 빨리 읽어 치우고 싶지는 않았다. 마음을 굳게 먹고 봉투에서 잡지를 꺼내든다. 굉장하다. 삽화를 본다. 굉장하다. 목차를 본다. 굉장하다. 아니, 굉장히 재미있어 보인다. 기차 안에서는 그 이상은 절대 보지 않는다. 내용이 궁금해 미칠 지경이 된다. 꾹 참는다. 내용을 보면 설렘이 수증기처럼 증발해버린다는 사실을 알기 때문이다. 아무도 알려주지 않았는데도 스스로 판단하는 이런 능력은 어떻게 얻은 걸까? 대자연이 직접 알려주는 게 아닐까? 아무튼 기차에서는 표지와 삽화, 목차만 몇 번이고 본다. 그러고는 공상에 빠진다. 매달 이런 상황이 반복된다.

말이 나온 김에, 다른 이야기를 하나 더 하자(정서의 흐름에 관한 이야기는 한 번에 하는 편이 이해가 쉽다). 고카와중학교에서는 기숙사 생활을 했다. 방학 때는 집에 있다가도 봄방학 무렵 진급 발표가 날 무렵에는 다시 등교했다. 성적이나 석차 발표가 기다려졌다. 그보다 더 가슴 뛰게 한 것은 새로운 교과서를 볼 수 있다는 기대감이었다. 교과서를 받아 들면 세상을 얻은 것 같은 기분이었다. 집에 돌아오는 기차 안에서 제일 마음에 드는 교과서부터 골라 읽기 시작한다. 맨 처음에는 역사 교과서, 다음에는 자연 교과서다. 그리고 그다음에는 국어·글쓰기 교과서다. 여기까지 오면, 수학 교과서가 남는다. 수학 교과서만은 읽지 않는다.

역사 교과서는 흥미로웠다. 간결한 문어체 묘사로는 표현할 수 없는 묘한 흥미를 돋워주었다. 자연 교과서에 흥미를 갖게 된 것은 중학생 친척 형 덕분이었다. 그 형이 쓰던 교과서에 나오는 해마 그림을 보고 실제로 이런 생물이 있다는 사실을 알게 된 후 흥미가 생겼다.

글쓰기 책도 재미있었다. 옛 정취를 느끼게 해주는 글귀가 특히 매력적이었다. 이 모든 것이 나라는 인간을 형성해주었다. 학기가 시작되기 전까지 교과서를 몇 번이나 완독했다. 사람들은 그걸 예습이라고 불렀다. 개인적으로는, 그런 미온적인 단어로는 설명할 수 없는 차원이라고 생각한다.

미온적인 것은 좋지 않다. 원형과 복제품의 차이 같다고나 할까. 복제품은 얕은 지식과 가벼운 손기술로 만들어지지만 원형은 생명의 불꽃으로 이루어진다. 작열하는 열정과 맹렬하게 타오르는 에너지에는 그 무엇도 범접하기 어렵다.

어른이 되어
나비를 잡지 않는 이유

내 반응속도는 차츰 빨라졌다. 그래도 정확히 알지 못하는 내용에 대해서는 절대 손을 들지 않는 습관만은 고쳐지지 않았다. 그런 탓에 4학년까지는 산수나 독서, 가정실습과 같은 과목만 갑을 받고 반에서도 4등을 넘지 못했다.

5학년에 올라가면서 상황이 바뀌었다. 이때부터 역사나 지리, 이과 계열의 새로운 과목을 배우기 시작했다. 시험도 필기시험으로 바뀌었다. 그 덕분에 정확함을 추구하는 나의 기질이 진가를 발휘하기 시작했다. 그 결과, 5학년 1학기 때 갑의 수는 다른 아이들의 두 배를 넘었다. 등·하굣길이 즐거워졌던 것도, 《일본 소년》을 좀 더 재미있게 읽을 수 있었던 것도 그런 이유에서다.

당시의 나를 형성해주었던 가장 중요한 요소는 따로 있다. 나를 사랑해주고 아껴주셨던 선생님이다. 그중에서도 담임이었던 후지오카 선생님은 내 인생에서 특별한 분이시다. 그분은 그림을 그려주거나 비행기 모형을 만들어주는 등 하루하루를 정말 재밌게 보내게 해주셨다. 그 덕분에 나도 철도를 그리거나 비행기 모형을 만드는 등 작은 재능을 펼쳐 보이곤 했다. "배움을 좋아하니 바람이 불어 옷을 가볍게 해주는구나"라는 시 내용과 비슷하다고나 할까!

"요즘 아이들은 감 씨앗의 단면도를 보여주어도 아무 반응을 보이지 않는데, 어떻게 해야 하나요?"

최근 초등학교 교사들에게 자주 받는 질문이다. 그들에게 들려주고 싶은 답은 이것이다. '아이들을 어린 시절의 나처럼 키우면 된다'라고.

성적에 신경을 써야 한다면 거기에 대해서는 자신이 없다. 성적만은 내가 확신할 수 없는 영역이기 때문이다. 나는 아이의 장점이 무엇인지 고민하고 그 부분을 포착해 칭찬해주는 것만으로 충분하다고 생각한다. 사람으로 태어난 이상 누구에게나 장점은 있다. 그 부분을 살릴 수 있도록 도와주는 것이다. 자칫 도가 지나쳐 경쟁을 부추기는 방식이 되어서는 곤란하다. 칭찬을 안 하느니만 못한 결과를 낳을 수 있기 때문이다.

그 무렵, 나의 정서를 키워준 것으로 '곤충채집'을 들 수 있다. 5학년 6월의 어느 일요일이었다. 나는 한 손에 잠자리채와 청산가리가 든 병을 들고 집을 나섰다. 미노오에 있는 산에는 생전 처음 보는 아름다운 나비가 날아다니고 있었다. 처음엔 청띠제비나비인 줄 생각했는데, 나중에 책을 보고 다른 종이란 걸 알았다(일본명인 'アオスジアゲハ'와 'クロタイマイ'는 같은 종을 가리키는 다른 단어다. 저자는 이를 잘 알지 못하고 다른 종으로 판단한 듯하다. _옮긴이).

그놈을 잡고 싶어 조바심치며 조심조심 다가갔다. 애를 썼으나 간발의 차로 놓쳤다. 어찌나 눈치가 빠른지 순식간에 하늘 높이 날아올라 멀리 달아나버렸다. 눈을 부라리고 그 부근을 뒤졌다. 한참을 찾았지만 눈에 띄지 않았다. 옆 동산으로 간 게 아닐까 싶어 그리로 가보았다. 아니나 다를까, 그곳에 놈이 있었다. 아니, 그놈이라고 확신할 수는 없었다. 아무튼, 그 날 나는 나비 한 마리 잡자고 얼마나 오래 산과 들을 싸돌아다녔는지 모른다.

결국, 그 날은 수확을 하지 못했다. 빈손으로 석양을 등지고 기차를 탔다. 기차 안에서 한 학년 위인 학교 선배를 만났다. 그와 이런저런 이야기를 나누었다. 잠깐 자기 집에 놀러 가자는 제안을 받고 미노오 근처에 있는 그의 집으로 향했다. 거기서 저녁밥을 얻어먹었다. 내친김에 목욕까지 하고 느긋하게 돌아왔다. 집에서는 한바탕 난리가 났다. 돌아올 시간이 한참 지나도 돌아오지 않자, 무슨 일이 일어난 거라고 지레짐작한 어머니가 경찰에 신고한 모양이었다.

그 시절, 나는 나비뿐 아니라 곤충이면 뭐든 다 좋아했다. 6학년 무렵, 아버지가 할아버지의 뒤를 잇게 되어 가족 모두 와카야마로 돌아갔다. 그때부터 나는 본격적으로 나비 연구에 몰두하기 시작했다. 청띠제비나비와 왕오색나비를 잡기도 했다. 태풍이 지나간 후에는 남쪽 지방에만 서식하고, 그 근방에선 볼 수 없던 나비도 운 좋게 한두 마리 잡았다. 눈 감으면 지금도 그때의 기억이 새록새록 떠오른다.

근사한 나비를 잡았을 때의 기쁨은 컸다. 독특한 느낌이 들었다. 나는 지금도 가끔 한 번씩 나비를 잡고 싶은 충동이 일곤 하지만 잡지 않는다. 나비를 잡는 행위는 나비를 죽이는 행위와 다르지 않다는 걸 깨닫게 된 후의 일이다. 아무리 충동이 강해도 기어이 억누른다.

한번은 이런 일도 있었다. 집 근처에 좁고 깊은 진흙탕이 있었다. 6학년 여름방학이 끝날 무렵, 죽마를 타고 그 진흙탕에 들어갔다. 점성이 어찌나 강한지, 죽마가 진흙탕에 처박혀 꼼짝도 하지 않았다. 당황스러웠다. 땅으로 착지를 시도하다가 오른쪽 뒤꿈치를 대나무에 세게 부딪혔다. 너무 아파 바닥에 쓰러져 끙끙대며 일어나지 못했다. 감자를 이고 오던 한 아주머니와 마주친 것은 그때였다. 아주머니는 나를 보더니 깜짝 놀라 감자를 집어 던지고 달려오셨다. 그러고는 나를 업어 집까지 데려다주셨다. 같이 진흙탕에 놀러 갔던 친구 녀석들은 아무것도 모른 채 놀이에 온통 정신이 팔렸었다. 심지어 그 아주머니가 나를 돕기 위해 내팽개친 감자를 몰래 주워간 녀석도 있었다.

그 후 나는 한동안 걷지 못했다. 2학기에는 학교도 가지 못했다. 늦가을이 되어서야 어느 정도 회복되어 지팡이를 짚고 겨우 걸을 수 있었다. 집 뒷산에는 운향과 식물이 피어 귤과의 열매가 잔뜩 열렸으나 먹을 만한 열매는 찾을 수 없었다. 제대로 관리가 안 된 탓이었다. 열매들은 나무들 사이사이에 국화꽃만 흐드러지게 피게 하는 비료 역할에 만족해야 했다. 나는 스무날 가까이, 날마다 지팡이를 짚고 산에 올라 흐드러지게 핀 국화꽃을 관찰했다. 그때의 경험 덕분인지 지금도 국화를 좋아한다.

그 시절의 경험이 오랜 세월 축적되어 나의 성격 일부를 형성한 것 같다. 학습이란 단어를 '관습'으로 해석하면 인류는 조건반사로만 성장하는 생물이 된다. 이는 말도 안 되는 소리라고 나는 생각한다.

초등학교 시기는 정서를 잘 조화시켜 한 사람의 인격 형성을 도와주는 때다. 이때는 좋고 싫음이 표정에 그대로 드러나는 시기다. 교육자는 그 표정을 살피며 그때그때 어떻게 도와줘야 할지 냉철히 판단해야 하고 세심하게 고민해야 한다.

이때는 '그릇에 물을 옮겨 담는' 시기다. 문화 친화력을 키우는 시기이며, 무엇이든 흡수하고 보는 시기이기도 하다. 이 시기에는 비판보다는 정서적 환경을 강화해주고 정서 그 자체를 음미하는 시간을 마련해주어야 한다. 그동안 아이들이 저마다 지닌 장점에 주목해야 한다. 열등감이 자리 잡는 시기 또한 이때이기 때문이다. 적절한 시기에 장점을 발견하고 키우지 않으면 영원히 '때'를 놓쳐버릴 수 있기 때문이다.

책 읽기는
생각의 씨앗 뿌리기

나는 제야의 종소리를 좋아한다. 종소리에는 자기만의 색깔이 있다. 산에서 치는 종에는 산의 지저귐이, 바다에서 치는 종에는 파도 소리가 담겨 있다. 종소리를 듣고 있으면 머릿속이 맑아지고 잡념이 사라진다. 무디어진 감각에 다시 날이 벼리어 선다.

어느 계절을 사랑하느냐고 누가 물으면, 겨울에서 봄으로 넘어가는 시기를 꼽고 싶다. 좀 더 구체적으로 매화꽃이 필 즈음부터 벚꽃이 피기 시작하는 무렵까지다. 이 시기에는 책도

한 권에 집중이 안 되어서 이 책 저 책 번갈아가며 읽곤 한다. 그러다 보면 자연스럽게 앎의 영역이 넓어지고 연구 영역도 확대되지 않을까 하는 기대도 생긴다. 이 시기에 자주 산책을 즐기는 데에는 그런 기대감이 섞여 있다.

책을 마구 읽는 건 씨앗을 이곳저곳에 뿌리는 일과 비슷하다. 봄이 씨앗을 뿌리는 계절이듯 이 시기에는 우리 마음 밭에도 생각의 씨앗을 뿌려두어야 한다. 이 점을 제대로 설명하기란 쉽지 않다. 아무튼, 겨울에서 봄으로 넘어가는 시기에는 의식의 흐름을 한 곳에 묶어둘 수가 없다. "봄 바닷물이, 하루 종일 굽이쳐, 너울거리네"라는 하이쿠도 있지 않은가. 사실, 봄 바다는 거칠지 않다. 그런데도 위에 인용한 하이쿠가 그렇게 표현한 이유는 뭘까? 봄 바다가 거친 게 아니라 우리의 의식 흐름이 빨라지기 때문이다.

여름은 만물에 생동감이 감도는 시기다. 산에는 산 내음으로 가득하다. 이 얼마나 아름다운 계절인가! 이 시기에는 공부도 잘된다. 여름에 공부가 잘 안 된다고 말하는 사람이 더러 있는데, 이해할 수 없는 일이다. 생동감으로 넘쳐나는 시기인 만큼 공부도 잘되는 것이 마땅하지 않은가. 프랑스는 계절이 뚜

렷하지 않다. 산 내음이 풍겨오지 않는다. 그런 터라 프랑스에서 수학 공부에 몰입하기란 쉽지 않다.

가장 아름다운 꽃을 물으면, '나팔꽃'이라고 답하겠다. 여름날 아침 일찍 피는 나팔꽃보다 아름다운 꽃이 세상에 또 있을까! 대자연은 도통 감을 잡을 수 없는 존재다. 대자연은 우리 인간에게 미적 감각을 일깨워주기 위해 여름날 아침에 나팔꽃을 보여주는 거라 믿는다. 이 얼마나 근사한 일인가! 안타까운 것은 나팔꽃이 가장 아름다운 시간에 사람들 대다수가 곤히 잠들어 있다는 점이다.

지구 전체는 하나의 거대한 푸른 공동체다. 이 우주에 이토록 아름다운 푸른 공동체가 존재한다는 것, 그 자체가 기적이다. "우주가 있으니, 지구가 있다"라는 말이 있다. 나는 그 반대가 오히려 진실에 가까울지 모른다고 생각한다. 하나밖에 없는 지구를 지키기 위해 우주가 존재한다고 생각해보는 건 어떨까.

여대에는 생각보다 꽃이 많지 않다. 금욕주의 때문일까? 앞으로는 졸업생 한 명당 꽃 한 송이씩 심으라고 권해주고 싶다. 나는 연구실 앞에 있는 나무 아래에 제비꽃을 심고 싶다. 그러고 보면, 요즘 주위에서 제비꽃을 찾기가 어려워졌다. 고추잠자리도 마찬가지다. 인간이 만들어낸 농약 때문이다. 석쇠처럼 망이 쳐진 벽에 나팔꽃을 키우고 싶다. 나는 나팔꽃 외에 매화, 모란, 국화를 사랑한다. 안타깝게도 요즘은 국화를 보기도 어려워졌다. 그렇기는 해도 사계절 내내 꽃피우는 인공적 재배 방식은 바람직하지 않다.

지금은 암흑시대다. 다들 잠들어 있다. 깨어 있는 사람은 100명 당 두 명 정도나 될까? 수학 논문도 마찬가지다. 읽고 난 후 잠이 확 깰 만큼 뛰어난 논문은 100편당 두 편 정도 될까 말까다. 모두들 잠자고 있으니 그럴 만도 하다.

지금은 그리스 시대의 진·선·미가 사라진 로마 초기와 비슷하다. 로마 시대에 군사나 정치, 기술 같은 것은 꽤 폭을 넓혔다. 지금도 그렇지 않은가? 그런 까닭에 로마 역사를 제대로 연구하고 싶다면 차라리 현대 모습을 살펴보는 게 나을 수도 있다.

달에 로켓을 쏘아 올리는 일이 진·선·미와 무슨 관련이 있나? 이는 지력과도 상관이 없다. 인간의 가장 중요한 부분이

잠들어 있다는 사실에는 변함이 없다. 이렇게 아름다운 지구에 사는 사람들이 모두 오래오래 행복했으면 좋겠다. 위험을 감수해야 하겠지만.

제2부

학문의 중심은 정서다

교육에서 '시간이 걸린다'라는 말의 의미

나는 되도록 속세와 멀리 떨어져서 생활하려고 애쓴다. 그러면서도 종종 내 나름의 생각을 세상 사람들에게 전하고픈 유혹을 떨쳐내지 못한다. 지금부터 내가 하는 이야기들은 그런 마음의 발로다.

교육과 학문의 주체는 '인간'이다. 이 점에서는 동양과 서양에 차이가 없다. 사람들은 이 사실을 쉽사리 지나친다. 인간은 학문을 연구하고, 다른 인간을 교육하거나 교육받는다. 그런 만큼 인간을 이해하자면 생리학적으로 관찰할 필요가 있다.

이는 인간을 학문의 중심으로 다루는 일이기도 하다. 유감스럽게도 그런 학문은 존재하지 않는다. 의학조차 인간을 생리학적으로 다루지 않는 듯하다.

인간에 대한 몰이해, 철학과 지식의 부재가 가장 두드러지게 드러나는 분야는 어디일까? 놀랍게도 교육현장이다. 유아교육과 의무교육을 하는 이곳에서 인간에 대한 이해와 철학의 빈곤으로 인한 문제가 빈번히 나타나는 것은 아이러니하다.

인간은 동물이다. 단순히 동물이라고만 할 수 없는 존재이기도 하다. 비유하자면, 떫은 감나무에 단감나무를 접붙인 것 같다고 할까. 동물성이라는 나무에 인간성이라는 나무를 접붙여 생긴 나무가 인간인 셈이다. 오늘날 교육 현장에서는 그 나무가 바르게 자라는지는 신경 쓰지 않고 빨리 자라기만 하면 좋다는 사고방식이 퍼져 있다.

자라는 일에만 몰두하다 보면 떫은 감이 열리기에 십상이다. 떫은 감은 단감보다 생장이 빠르므로 그만큼 서둘러 열매를 맺는다는 점에 주의를 기울여야 한다. 서두르기보다는 느긋한 편이 좋다. 이것이야말로 교육의 근본 원칙이라고 생각한다.

의무교육 기간은 갈수록 늘어나는 추세다. 그와 비례하여 여성의 초경도 빨라진다. 교육과 여성의 이른 초경 사이에 무슨 관계가 있느냐고 따져 묻고 싶을 수도 있겠다. 나는 인간성을 등한시하고 동물성을 키운 결과라고 본다. 소나 말 같은 짐승은 태어난 지 한 시간도 안 되어 걸어 다닌다. 인간은 스스로 걷기까지 시간이 오래 걸린다. 1년이 되어서야 겨우 자기 힘으로 걷기 시작한다. 그렇다고 인간이 소나 말보다 열등하지 않다. 걷기를 준비하는 그 1년이라는 시간 동안 평생을 살아가는 데 힘이 되는 중요하고 가치 있는 일을 준비하기 때문이다. 여성의 초경이 빨라진다는 사실은 무엇을 의미하는가? 그만큼 육체적으로 빨리 성장한다는 걸 뜻한다. 이는 인간으로서 갖추어야 할 중요한 요소를 소홀히 여긴 결과가 아닐까?

타인에 대한 감정은 인간이 인간으로 존재하기 위해 갖추어야 할 요소다. 유인원에서 출발하여 인간으로 진화했다는 것은 타인의 감정을 이해할 수 있게 되었음을 의미한다. 타인의 감정을 이해하는 일은 녹록하지 않다. 가장 헤아리기 어려운 것이 인간의 감정이다. 갓난아기의 성장 과정을 심리적인 측면에서 관찰해봐도 그렇다. 인간은 세 살만 되어도 감정의 흐름을 감 잡을 수 있다. 그러나 자신의 감정만 알 뿐 타인의 감정에는 무지하고 무심하다. 타인의 감정까지 헤아리려면 다섯 살은 되어야 한다. 세 살에서 다섯 살까지의 2년여 기간은 감정이 답보에 빠진 상태다. 이 시기에 인간은 섬세한 감정을 이해하지 못한다. 도덕이나 예의범절의 근본을 가르쳐도 효과를 보기 어려운 것도 그래서다.

최근에 첫 손자를 보았다. 나는 팔짱을 끼고 녀석을 지켜보고 있다. 지켜보면서 기다린다. 무자비함을 미워하는 일과 너그러움을 갖추도록 가르칠 때를. 타인의 감정을 이해하게 될 때를. 그러나 감이 잡히지 않는다. 아이에게 억지로 예의범절을 가르치려는 것은 백해무익한 짓이기도 하다. 웬만해서는 그리 하지 않으려 하지만 늘 고민한다. 잡초처럼 자라도록 내버려 두어서는 안 되기 때문이다.

정서가 싹트고 마음이 성숙해지는 시기는 분명히 존재한다. 육체와 정신이 똑같이 성장할 수는 없다. 식물이 싹 트고, 줄기를 뻗고, 이파리를 제 몸에 다는 일이 동시에 일어나지 않는 것과 같은 이치다. 그런데도 사람들은 이 사실을 간과한 채 한 가지만 보며 좋고 나쁨을 가리려 한다. 이 아이는 능력이 있느니 없느니 하며 따지고 든다.

오늘날의 교육 현장에서는 동정심이나 배려하는 마음을 키우려는 노력이 무시되곤 한다. 그 결과 청소년 범죄가 갈수록 무자비해지고 잔인해진다. '동물성'이라는 싹을 너무 빨리 성장시킨 데서 비롯된 결과다. 동물적으로 빠르게 성장한 머리는 학문과 맞닿는 접촉면을 갖기 어렵다. 나쓰메 소세키의 제자인 고미야 도요타카와 데라다 도라히코의 연구(連句: 두 사람이 한두 구씩 지어 전체가 한 편의 시가 되는 문학 형식_옮긴이)를 활용한 대화는 흥미로울 뿐 아니라 생각 거리를 던져준다.

"물을 뿌리자 쑥쑥 빨아들이는 묘비의 이끼"라고 고미야가 화두를 툭 던진다. 데라다는 "홍가시나무 그늘에서 활동하는 모기떼"라고 응수한다. 고미야는 데라다의 그런 뜬구름 잡는 특성이 천하일품이라고 평했다.

마른 이끼가 물을 쑥쑥 빨아들이듯 학문을 빨아들여야 좋은 머리라고 할 수 있다. 동물적 발육으로는 그런 머리를 기대할 수 없다. 머리 크기가 크다고 학문을 잘 받아들일 수 있는 것은 아니다. 중 · 고등학교 교사들에게 들어보니, 요즘 아이들은 육체적으로만 성숙해서 가르치기가 쉽지 않다고 한다.

우람한 체격에 관심 있는 젊은이는 많다. 그렇다면 타인의 마음을 헤아릴 줄 아는 젊은이는 얼마나 될까? 타인의 마음을 헤아리지 못하면 무엇을 하든 엉성하고 조잡해진다. 이는 대상을 세밀히 파악하지 않고 관념적으로 말하는 것과 비슷하다. 상대방을 세심하게 배려하지 못하는 사람에게 치밀함을 기대할 수는 없다. 치밀하지 않으면 조잡해진다. 나가오카 한타로(1865~1950. 일본의 물리학자. 주로 지구물리학, 유체역학, 광학을 연구했으며, 1903년에 양성자의 존재를 예언한 것으로 유명하다._옮긴이)가 데라다 도라히코 선생의 치밀한 문장을 언급한 적이 있다. 선생의 『야부코지슈』라는 수필집에 실린 「도토리」는 치밀한 문장의 정수라고 해도 지나치지 않다.

학문의 중심은 정서다

학문은 머리로 한다는 통념에 동의하지 않는다. 정서가 학문의 중심이라고 말하고 싶다. 인간에게는 교감 신경 계통과 부교감 신경 계통이 있다. 보통은 양쪽이 균형을 이룬다. 교감 신경 계통이 주가 되어 움직일 경우를 생각해보자. 교감 신경 계통의 지휘를 받는 인간은 천천히 목표에 다가간다. 위장의 움직임도 둔해진다. 부교감 신경 계통이 활성화되면 신이 나서 일한다. 거침없이 글을 써 내려간다. 백 미터 달리기하듯 전력 질주한다. 이 상태가 지속하다 보면 위장의 움직임이 지나치게 활발해진다. 자칫 설사를 할 수도 있다.

미국의 한 의학자가 개를 대상으로 실험을 했다. 교감 신경 계통을 절단하는 실험이었다. 개는 설사병에 걸렸고, 대장에 궤양까지 생겼다. 인간이나 개나 근본적 생리는 다르지 않다. 감정에 부조화가 생기면 설사하기 쉽다. 정서의 중심이 실제로 존재하고, 그것이 신체 전체의 중심을 이루기 때문이다. 그 중심은 대뇌피질 안쪽의 머릿속에 있다. 이곳에서 두 종류의 신경 계통을 지배한다. 정서의 중심을 넘어 인간 존재의 중심이 이곳에 있다고 말할 수 있지 않을까.

정서가 인간 발육을 좌우한다. 그런 맥락에서 정서를 키우는 교육이야말로 매우 중요하다. 단순히 정서 교육이 중요하다기보다는 오늘의 정서가 내일의 머리를 만든다는 의미에서 그렇다. 열등생들은 정서의 중심이 잡혀 있지 않은 경우가 많다. 교사가 이 점을 특히 신경 써야 하는 이유가 여기에 있다. 학문은 재능이나 잔재주로 되는 것이 아니기에 더욱 그렇다.

스무 살 전후의 청년들은 충동적으로 행동하곤 한다. 왜 그럴까? 교육 현장에서 그런 행동을 제어하는 교육이 이루어지지 않은 탓이다. 제어는 대뇌 전두엽에서 진행된다. 대뇌 전두엽을 없애도 생명은 유지하되 충동적인 행동만 하게 된다. 시험을 볼 때 문제를 이해하지 못했는데도 연필을 들고 써 내려가는 사람이 있다면 그는 충동적인 사람이다. 충동이 강하게 작용하는 것은 왜일까? 대뇌 전두엽의 발육 부진 탓으로 볼 수 있다.

교육의 결과는 대뇌 전두엽의 발육 부진으로 나타나는 경우가 많다. 교육이 그런 방향으로 흐를 때는 근본을 바꾸어야 한다. 바꾸되 서둘러서는 안 된다. 큰 배가 작은 배를 끌고 가듯 천천히 바꾸어가야 한다. 그렇지 않으면 혼란이 생긴다. 당연히 현세대에 당장 변화를 기대하기는 어렵다. 어느 한 세대가 사회의 중심을 이루며 다음 세대를 양성해야 한다.

부교감 신경 계통은 놀이에 몰두하거나 무언가에 집중할 때 활성화한다. 강제로 시켜서 마지못해 무언가를 할 때보다 스스로 몰입할 때 큰 효과를 발휘한다. 학교 교육은 아이들에게 그런 기회를 마련해주려고 힘쓰는 방향으로 나아가야 한다. 오늘날 아이들은 놀이 문화를 잃어버렸다. 어른들의 책임이다. 이로써 부교감 신경 계통의 협력으로 이루어지는 일반적 대뇌 활동이 원활하지 못하게 된다. 이런 사실을 간과한 탓이다. 인간의 중심은 정서에 있다는 것을 깨닫지 못한 탓이기도 하다.

교육에서만 이 문제가 드러나는 것은 아니다. 일본어도 예외일 수 없다. 지난 2월의 일이었다. 두 번째 손자를 보았다. 아들 내외가 아이의 이름을 지어달라고 했다. 요구사항이 까다로웠다. 당용 한자(일본에서 1946년에 제정한 1,850자의 한자. 1981년에 상용한자로 대체되면서 1,945자로 늘었다._옮긴이)만으로 이름을 지어 달라는 것이었다. 난감했다. 인명용 한자가 따로 있기는 했다. 하지만 여기에는 범 호(虎), 곰 웅(熊), 사슴 록(鹿) 같은 한자가 많아서 마뜩잖았다. 당용 한자에는 정서적인 분위기를 풍기는 한자가 적고 구체적인 내용을 지닌 한자가 많다.

나는 영원을 뜻하는 '유구(悠久)'라는 한자를 좋아한다. 이중 '오랠 구(久)'는 당용 한자에 남아 있다. 시간을 초월한다는 뉘앙스를 풍기는 '멀 유(悠)'는 없다. 둘째 손자는 2월에 태어났다. 그런 터라 싹이 터서 쑥쑥 자라라는 뜻에서 '싹 맹(萌)' 자를 넣어 지어주고 싶었지만 그럴 수 없었다. 유감스럽게도 당용 한자에 그 한자가 빠져 있었기 때문이다.

일본어는 독특한 언어다. 무언가를 상세히 기술하는 데는 부적합하다. 그러나 간결하게 묘사하거나 표현하는 데는 타의 추종을 불허하는 언어다. 간결한 것이 좋기는 하나 너무 간결해서는 곤란하다. 생선 가시 발라내다가 생선 살 버리듯 자칫 핵심을 놓칠 수 있기 때문이다. 그런 맥락에서 뉘앙스나 분위기를 풍기는 한자가 배제된다면 나로서는 그 방식에 찬성할 수 없다.

당용 한자에 정서적 분위기를 풍기는 한자가 적은 것은 왜일까? 이 또한 인간의 중심을 이루는 것은 정서라는 사실을 간과한 결과가 아닐까?

'수학적 자연'을
창조하는 도구, 정서

진·선·미 즉 참됨, 착함, 아름다움은 이상의 골간을 이룬다. 나는 이런 개념이 이성의 세계가 아닌 실제 세계와 연관되어 있다고 본다. 아쿠타카와 류노스케는 이를 "영원한 것의 그림자"라고 말한 바 있다. 이상의 실체가 무엇인지 알고 싶었다. 관련 자료를 찾아보고 설명을 읽어보았으나 끝내 찾을 수는 없었다. 다만 그 실체를 알기 위해 고군분투한 사람들을 여럿 만났다. 이상의 실체, 즉 진·선·미의 실체가 실제 세계와 깊은 관련을 맺고 있음을 보여주는 방증이 아닐까 생각했다.

이상은 무서운 흡입력을 가지고 있다. 실제로 본 적 없는데도 마치 알고 있는 것처럼 느껴지기도 한다. 한 번도 보지 않아서 엄마의 얼굴을 모르는 아이가 있다고 치자. 아이는 다른 사람을 보고는 자기 엄마가 아닌 줄 단박에 안다. 이상도 그와 비슷하다. 이상의 기저에는 그리움의 정서가 있다. 보는 순간, 다르다는 사실을 곧바로 알아차릴 수 있는 것은 이상의 눈으로 보기 때문이다. 이상의 눈으로 보면 잘 보인다. 이상이 높으면 기품도 높다.

진·선·미 중에서 가장 알기 쉬운 것은 미, 즉 아름다움이다. 아름다움은 확실하게 존재한다. 나는 아름다움을 몸으로 체험하는 것을 좋아한다. 자주 전람회에 가는 것도 그런 이유에서다. 수학 세미나 시간에 학생들을 데리고 간 적도 여러 번이었다. 수학과 가장 잘 어울리는 분야가 예술이라는 사실을 알아주었으면 하는 바람도 있었다.

전람회에서 아름다움의 실체를 실감하게 해주는 작품을 만날 때가 있다. 아름다움이 눈앞에 머무는 순간이다. 그때의 느낌을 말로 표현하기는 어렵다. 말로 표현할 수는 없지만 알고는 있다고 얘기할 수도 없다. 진·선·미는 추구하면 추구할수록 우리를 더욱 미궁에 빠지게 한다. 그러나 좌절할 필요는 없다. 모르는 것은 모르는 것이다. 무지를 인식하는 것만으로도 문화 수준이 올라간다.

수학의 세계에 대해 말하자면, 자연 관찰 경향이 강해졌다. 숲의 윤곽을 놓치지 않으면서도 나무 한 그루 한 그루의 모양과 특징, 나뭇잎 잎맥까지 놓치지 않는 관찰 말이다. 그것은 이상에 한 걸음 가까이 다가가 그 입구를 자세히 들여다보는 일과도 같다.

수학을 잘하고 싶다면 마음 밭에 수학이라는 자연을 일구라고 권해주고 싶다. 나뭇잎 잎맥을 살피듯 세밀히 관찰할 수 있는 지성의 눈을 뜨기만 한다면 누구나 수학을 잘할 수 있게 된다.

그렇다. 마음에 '수학적 자연'을 일구어낼 수 있는지가 중요하다. 열쇠는 정서에 있다. 정서는 '수학적 자연'을 창조하기 위한 도구다. 수학자가 되기 위해 정서를 키우는 것이 얼마나 중요한지 아무리 강조해도 지나치지 않은 것도 그래서다.

내 생각에, '마음의 고향'을 그리워하는 정서를 키우기에 가장 적절한 시기는 열 살 전후가 아닐까 싶다. '마음의 고향을 그리워하는' 정서를 간직하고 있지 않으면 생동감 있는 이상을 그려낼 수 없다.

고등학교까지의 교육을 담당하는 이들에게 한 가지 당부하고 싶은 것이 있다. 일정 기간 수학교육에 몸담았던 사람으로서 하는 조언이다. 시대를 막론하고 수학에서 가장 중요한 것은 '정확성'이다. 아이들이 자신이 만나는 문제에 대해 맞으면 '맞다', 틀리면 '틀리다'라고 분명하게 대답할 수 있도록 교육해주었으면 한다. 그렇지 않으면 수학교육을 더 밀고 나가기 어렵기 때문이다. 정확성에 대한 신뢰가 있어야만 더디더라도 앞으로 나아갈 수 있다. 오른발을 내밀고, 다시 거기에 모든 체중을 실은 다음 왼발을 내밀고, 다시 거기에 모든 체중을 싣는 식으로 한 걸음씩 나아가는 것이 수학을 배우는 방법이다. 한데, 이런 방법이 효과적인지 아닌지는 기술적 문제보다 도덕적인 문제와 관련이 있다. 어느 정도 '사람'이 되어 있지 않으면 무엇이든 제대로 배울 수 없기 때문이다.

실내에서 책을 읽는 상황을 떠올려보자. 등불이 어두우면 책을 읽어도 내용 파악이 어려워지는 경우가 있지 않은가? 이 등불에 해당하는 것이 '지력'이다. 안타깝게도, 요즘 학생들은 지력의 등불이 밝지 않은 것 같다. 무언가를 설명해도 제대로 이해하는지 파악하기 어려울 정도로 그 빛이 약하다. 학교에서 도덕교육에 소홀하고 사유하는 능력을 키우지 않은 탓이리라 생각한다. 문득, 그 정도가 얼마나 심각한지 궁금했다. 기성세대와 학생 세대를 비교해서 살펴보기로 한 것도 그래서였다. 보통의 지력만 있으면 누구나 할 수 있는 일에 걸리는 시간을 비교 분석해보기로 한 것이었다.

먼저, 기성세대. 스톱워치를 손에 쥐고 나카야 우키치로 씨와 '연구'를 짓게 했다. 나카야 씨가 "초가을 화분에 남겨진 꽃 한 송이"라고 시구를 지어 말하자, 상대방이 "석양에 흘러내리는 물소리"라고 화답했다. 여기에 딱 10초가 걸렸다. 곧이어 나카야 씨가 "가을 바다 위로 펼쳐진 구름 한 점 없는 하늘"이라고 했다. 상대방은 "발소리조차 없는 해변의 아침"이라고 응수했다. 역시 10초밖에 걸리지 않았다. 기성세대는 10초 정도면 지력을 발휘할 수 있다는 결론을 내렸다. 학생들에게 10초면 풀 수 있을 만한 문제를 냈다. 한참 시간이 걸려서야 겨우 풀었다. 몇 번을 반복했는데, 결과는 마찬가지였다.

이는 지력이 떨어지고 지적 판단력이 부족한 탓에 빚어진 결과다. 이대로 두면 누군가가 가르쳐 주거나 지적해도 깨닫지 못하는 게 아닐까 싶어 무섭기까지 하다. 근본 원인이 뭘까? 질문이 없냐고 물으면 제대로 알지도 못하면서 고개를 끄덕이게 하는 잘못된 교육에 원인이 있다고 생각한다. 이런 교육 방식이 바뀌었으면 하는 바람 간절하다.

도덕의 근본은 타인의 슬픔에 공감하는 것

의무교육은 무엇에 집중해야 할까? 도덕적 판단력과 분별력을 키우는 일이다. 걱정스러운 것은 가정과 학교에서 도덕 교육이 제대로 이루어지지 않는다는 데 있다. 요즘 세상살이를 보면 방해나 안 하면 다행이다. 그런 방해를 무릅쓰고 가정에서 부모는 자식에게, 학교에서 교사는 학생에게 도덕을 가르쳐야 한다.

내가 받은 도덕교육에 관해 이야기하겠다. 나는 다섯 살 무렵부터 할아버지에게 '나 자신보다 다른 사람을 우선시하라'

는 가르침을 받으며 자랐다. 도덕을 가르치기에 적합한 나이는 몇 살일까? 다섯 살 정도면 충분하다고 본다. 이 나이만 되어도 사리를 분별할 수 있고 도덕의 개념과 의미에 대해 가르칠 수 있다고 생각한다. 내가 중학교 4학년 때 할아버지가 돌아가셨다. 할아버지는 돌아가시기 직전까지 위의 말을 반복했다. 참고로, 할아버지는 평생의 삶을 통해 언행일치를 보여주신 분이다.

아버지에게는 도덕적인 면과는 조금 다른 것을 배웠다. 아버지는 내가 학문의 길을 걷기 원하셨다. 어린 시절에는 돈을 만지지 못하게 하셨다. 필요한 물건이 있으면 그 물건이 필요한 정당한 이유를 말해야 했다. 도리에 맞으면 아버지가 직접 그 물건을 사 오셨다. 그 덕분에 나는 경제적인 면에 집착하지 않는 담백한 마음을 배웠다. 경제적인 면에 집착하다 보면, 학문에 집중하기도 어려울뿐더러 마음도 불편해진다. 이런 생각과 태도는 어른이 되어 학문을 연구하는 데 많은 도움이 되었다. 경제적 자유보다 마음의 자유를 추구하는 삶. 이것이 바로 학자의 길이요 삶이라는 것을 아버지에게 배웠다. 경제적 조건을 좋게 하려고 아르바이트를 하지 않은 것도 아버지의 소신 덕분이었다.

어머니는 꽃을 좋아하셨다. 여느 가정이나 다 그렇겠지만 어머니는 나를 끔찍이 사랑하셨다. 나는 어머니의 애정을 이기적인 행동이라 생각했다. 할아버지에게 '항상 자기 자신보다 남을 우선시하라'는 가르침을 받으며 자란 탓이었다. 어머니의 애정을 이기적인 것으로 여긴 탓에 그분의 마음을 자주 아프게 했다. 아무튼, 지금 내가 꽃을 보며 마음의 풍요를 느끼는 데에는 어머니의 영향이 컸다.

나는 생각이 많은 사람이다.

"너의 생각하는 습관은 내가 길러주었다."

여든의 나이에도 정정하신 숙부님은 입버릇처럼 말씀하시곤 한다. 그때마다 나는 혼란스럽다. 숙부님의 말씀이 사실이라면, 지금껏 선천적 능력으로 여긴 이 힘도 타인이 계발해준 것이 된다.

내 성격은 많은 사람의 노력으로 이루어져왔음을 깨닫는다. 이는 사람의 본질적인 부분이 어린 시절에 형성됨을 보여주는 증거이기도 하다.

도덕의 근본은 타인의 슬픔에 공감하는 데 있다. 사리 분별은 다섯 살 즈음부터 가능하지만 타인의 감정 중 슬픔을 어린 아이들이 이해하기는 어렵다. 초등학교에 들어가기 전까지 남을 기쁘게 하는 행동을 가르칠 수는 있어도 남을 슬프게 하는 행동은 가르치기 어렵다. 슬픔을 이해하는 것은 어른이 되어서야 가능하다.

프랑스어에 "Cet âge est sans pitié"라는 말이 있다. "아직 진정한 슬픔에 공감하지 못한다"라는 의미의 문장이다. 이 문장의 숨은 주어는 10대 청소년이다. 이런 공감 능력이 언제부터 본격적으로 발달하는지를 밝힌 의학적 자료를 찾아보고 싶지만 그러지는 못했다. 이와 비슷한 말을 우리 언어에서 찾아볼 수 없는 것으로 보아 그만큼 관찰이 늦어지고 있음을 나타내는 것일지도 모르겠다.

스무 살 전후의 대학생은 도덕적인 면이 어느 정도 완성되는 시기다. 옛날 고등학교에서는 아이들의 이상이 자리 잡게 도와주었으며 도덕적인 면도 다듬어주었다. 우리 세대만 해도 이 나이에 정의감을 가진 이들이 많았다. 버스에서 어른에게 자리를 양보하는 행위만 보아도 그렇다. 상대방을 위해서라기보다는 자리를 양보하지 않는 행위 자체를 몹쓸 짓으로 여겼기 때문이다.

아쿠타가와 류노스케는 이러한 도덕성과 정의감에 비판과 야유를 보냈다. 그는 이런 사고방식에서 한발 더 나아가야 한다고 주장했다. 그의 말이 이치에 어긋난다고는 할 수 없지만 바람직하지도 않다. 사회에 도덕성과 정의감이 사라지면 빵에 곰팡이가 슬 듯 금세 부패할 것이기 때문이다. 이것이 내가 가장 두려워하는 점이다.

자기 머리로 사고하는 사람으로 키워라

『수학자의 공부』 마이니치신문 연재가 끝난 뒤 많은 이들이 편지로 감상을 보내주었다. 노동자 한 분이 자신도 이 사회가 걱정된다며 보내준 편지를 빼면 찬사가 대부분이었다. 나는 부끄러웠다. 언어유희에 지나지 않는다고 느낄 만한 내용이 많다고 여겼기 때문이다.

내가 염려하는 것은 걱정해야 할 일에 신경 쓰지 않는 풍조다. 대부분 편지 내용은 어미 개의 살랑거리는 꼬리를 물고 늘어지는 강아지처럼 독자들이 나에게 달라붙어 관념의 유희를 즐기는 것처럼 보였다. 이런 편지들을 받은 뒤 나 자신을 새롭게 보게 되었다.

나의 개인적인 의견을 많은 사람이 보고 들어주거나 내가 쓴 책이 많이 팔리면 불안감이 엄습하곤 한다. 이 불안감이 이성의 실체라고 본다. 불안과 걱정, 의혹을 거둬내고 이성이 있는 척하면 그것은 관념의 유희가 된다.

내가 이런 말을 한들 무슨 소용이 있을까마는 걱정해야 할 일에 신경 쓰지 않는 경향은 점점 심해진다. 사람들은 재미있는 말이라며 그 안에 숨은 불안감까지 아무렇지 않게 넘겨버릴 가능성이 크다. 말을 하면 할수록 관념의 유희라는 씨앗을 더 많이 뿌리는 격이다. 내게 편지를 보내지 않은 독자 중 내 말을 이해하는 사람이 있으리라 믿고 희망의 끈을 놓지 않으려 할 뿐 다른 방법을 생각하려 해도 좋은 방법이 떠오르지 않는다.

어느 날 『수학자의 공부』를 읽었다는 학생 세 명이 나를 찾아왔다. 그중에 중학생 때 철학을 했다가 고등학교에 들어가 과학으로 바꾸었다고 말하는 학생이 있었다. 나는 깜짝 놀라 어떻게 철학을 했느냐고 물었으나 그 학생은 입을 열지 않았다. 요즘 학생들은 불리한 상황에 맞닥뜨리면 입을 열지 않나 보다. 담임교사가 비판 정신을 길러주기 위해 시도한 토론 행위에 '철학'이라는 이름을 갖다 붙인 게 아닐까 싶다. 스스로 비판 정신을 가지고 있다고 자부하며 나와 이야기 나눌 수 있으리라 생각한 모양이다.

대학에 들어가면 한 달에 한 편씩 논문을 쓸 터이니 봐달라고 말하는 재수생도 있었다. 요즘 학생들은 자신을 과시하고 싶어 하는 경향이 있는 것 같다. 단언하건대, 겸손하지 않은 사람은 배우기 어렵다. 다른 사람의 말을 들을 리 없기 때문이다. 겸손하지 않은 사람은 자신보다 높은 수준의 사람 생각을 이해하지 못하며 이치를 깨닫지도 못한다. 이런 태도를 고집하면 높은 곳으로 올라가기는커녕 지식과 지성의 사다리에서 발을 헛디뎌 자칫 굴러떨어질 수도 있다. 내가 만난 학생들은 대부분 그러했다.

요즘 대학에서 교육학을 전공하는 학생들이 어떤지 딸에게 물어본 적이 있다. 들어보니 가관이었다. 두꺼운 전공 서적만 들고 다니면서 재미도 없는 걸 외워야 한단다. 자기 공부할 수 있는 시간이 없다고도 했다. 이런 식으로 교육이 본래 목적에서 벗어나고 이성이 제구실하지 못하게 되는 것이다. 결국, 기차가 달리는 기능을 상실하고 녹이 슬어버린 것과 같은 상태가 되고 만다.

이 학생들이 장래에 교사가 되면 자기가 배운 바를 물려줄 것이다. 의무교육 과정에 있는 아이들에게 놀 틈도 주지 않고 몰아대며 수많은 것들을 가르치려 들 것이다. 그 아이들은 자신이 무엇을 아는지, 혹은 모르는지조차 알지 못한 채 수동적으로 머릿속에 지식을 구겨 넣느라 바쁠 것이다. 생각할 시간도 자신을 돌아볼 여유도 갖지 못한 채 말이다. 그렇게 되면 한데 어우러져 살아가야 하는 공동체 생활, 사회생활에 필요한 기본 정서, 예컨대 정의감, 배려심, 수치심 같은 심성을 기르지 못한 채 살게 된다.

요즘 학교에서는 개인보다 집단을 중시하라고 가르친다. 나는 이런 교육방식이 아이들을 바보로 만드는 지름길이라 여긴다. 타인의 감정을 이해하며 사리를 분별하는 능력은 개인 능력이지 집단 능력이 아니기 때문이다. 출발점부터 개인이 아닌 집단으로 생각하게 하는 습관을 기르면 모든 판단을 집단의 의지에 맡겨버리는 사태가 발생한다. 이래서는 자신의 깊이 있는 생각이 무엇인지 알 수 없게 된다. 자기 머리로 사고하고 판단할 줄 아는 사람으로 아이들을 키워가야 한다. 그렇지 않으면 우리 사회에 미래는 없다.

표정 변화가 위기의 조짐인 이유

교육의 결과는 '표정'으로 드러난다. 여성의 표정 변화는 이것을 보여주는 단적인 예다. 최근 여성의 표정 변화가 느껴진다. 인간의 표정에는 '동물성'이 관여한다. 며칠 전 교토에서 여학생들의 표정 변화를 유심히 관찰해보았는데, 고등학교 1학년을 기점으로 표정이 달라지고 있음을 느낄 수 있었다.

세상이 어떻게 돌아가는 것인가. 모든 걸 무너뜨리고 다시 시작하는 편이 빠를지도 모르겠다. 이론물리학은 아인슈타인 이래 20년도 안 되는 짧은 시간에 원자폭탄을 만들어냈다. 문화사에 새겨진 한 편의 드라마로 통상 있을 수 없는 일인 만큼 숙명이 아니었느냐는 생각마저 든다. 요즘 세상은 원자폭탄이 사명감을 부여받은 것처럼 모습을 드러낸 그 시기와 비슷하게 돌아가는 것 같다. 그래도 정서의 중심만은 건재하다. 만일 이것이 더럽혀지면 그땐 정체성을 어떻게 드러내야 할 것인가.

여성의 표정 변화가 위기의 조짐으로 보이는 것도 그래서다. 몇 번이나 강조해서 말하지만 '동물성'만은 안 된다. '동물성'은 다른 것들과는 해악의 차원이 다르다.

여성의 표정에 대해서만 말하니까 자칫 오해할 수도 있겠다. 남성도 다르지 않다. 다만, 여성에 비하면 아직 절반 정도의 변화 수준에 그친다고 할까.

내 고향 와카야마의 구도야마에 있는 중학교로부터 수업에 참관해달라는 부탁을 받아 간 적이 있다. 지난 6월의 일이었다. 처음엔 정중히 거절할까 하다가 학생들의 표정을 보려는 심산으로 요청에 응했다. 산골 마을이라 그런지 '동물성'은 찾아볼 수 없었다. 대신 느슨해진 느낌을 받았다. 나는 아이들에게 예의범절을 더 잘 가르치고 남을 생각하며 말을 고르는 교육을 해달라고 선생님들에게 부탁했다. 이후 한동안 그 아이들의 표정을 지우려고 애를 썼지만 그럴수록 그 표정이 머릿속을 떠나지 않았다. 수학도 손에 잡히지 않았다. 지우려고 할수록 자꾸 머릿속에 떠올랐다.

'동물성' 없이 느슨해지기만 해도 곤란하다. 하늘 질서의 근본은 예의범절이다. 공경도 필요하지만 예의범절이 있어야 완벽해진다. 학생이 교사에게 공손히 인사하면 교사도 학생을 존중하는 마음으로 인사해야 한다.

예의범절이 사라져가고 있다. 나는 두 시간이나 되는 강의 중간에 잠깐 쉬는 시간을 갖는다. 이때 칠판을 지우는 학생이 없다는 사실에 안타까움을 느낀다. 예의범절이란 무엇인가? 마음을 다잡고 긴장을 놓지 않는 모든 행위가 예의범절에 속한다. 예의범절이 없어진 자리를 침범해 들어오는 것이 '동물성'이다.

'암중모색'을 통해 스스로 깨치기

미카와시마 참사(1962년에 발생한 사건. 도쿄도 아라카와구 조반선 미카와시마역 구내에서 열차가 선로를 이탈하여 다른 열차 세 대와 충돌한 사건. 이 사건으로 160명의 사망자와 300명에 가까운 부상자가 나왔다. 일본의 국철 5대 사고에 포함된다._옮긴이)가 일어난 뒤 그 원인을 찾기 위해 많은 사람이 토론하고 나름대로 결론을 내렸다. 안타깝게도, 그들이 내린 결론 중 교육과 관련된 내용은 없었다. 나는 미카와시마 참사는 교육 문제라고 단언한다.

끔찍한 사고가 참사 후에 일어났다. 참사 직후, 상행 열차가

오기까지 5분 정도 시간이 걸렸다. 한데, 그 짧은 시간을 참지 못하고 제멋대로 선로를 건던 사람들이 열차에 치여 죽었다. 신호를 잘못 보아서 일어난 사고이기는 했다. 어쩌면, 충분히 있을 수 있는 일로 그렇게까지 비난할 필요가 없을지도 모르겠다.

그러나 곰곰이 생각해보면 그렇지가 않다. 의무교육 과정에 아이들이 스스로 깊이 생각하고 판단하는 능력을 키우는 과정을 소홀히 하여 일어난 일이기 때문이다.

공자는 제자 안회를 "하나를 가르치면 열을 깨우친다"고 칭찬했다. 이것이 교육이다. 하나를 가르쳐 주고, 나머지는 암중모색의 과정을 통해 스스로 깨우치게 해야 한다. 스스로 깨닫지 못하고 누군가에 의해 주입된 지식은 죽은 지식일 뿐 아니라 정작 어떤 일이 닥쳤을 때 그 지식을 활용하여 대처하지 못한다. 이런 사람이 기계를 다루다가 미카와시마 참사와 같은 참담한 사건을 일으킨 뒤 잠이 덜 깨서 그랬다는 식의 변명을 늘어놓아도 이상하지 않은 것이다.

기계를 다루는 사람이 사용법을 완벽하게 숙지하지 않으면 이런 참사는 앞으로도 얼마든지 일어날 수 있다. 여기에 '지력'이 소용되는 것이다. 하나를 가르친 뒤 스스로 생각할 시간도 주지 않고 모든 원칙을 주입하기만 하면 지력이 힘을 발휘할 여지가 배제된 '기계 머리'가 되고 만다.

최근 대부분 중 · 고등학교 시험 답안을 학생들은 알지 못한다. 교사가 정답이라고 하면 정답이고 오답이라고 하면 오답이다. 시험을 잘 본 학생도 못 본 학생도 아무 생각이 없다는 점에서는 차이가 없다. 정답 여부를 떠나 자기가 그걸 맞추었다는 사실이 중요한데, 그 사실을 아는 학생은 적다. 이 생각이 커지면 대형사고 가능성을 높이는 요인이 될 수 있다. 참사가 일어나면 내 머릿속에 교육이 떠오르고 교육을 생각하면 참사가 떠오르는 것은 그런 이유에서다.

답은 교사가 아닌 학생 스스로 찾아야 한다. 답을 쓰지 못한다 해도 문제를 정확히 이해하고 스스로 판단하는 힘이 있다면 그걸로 충분하다. 학생은 물론이고 대다수 교사조차 지력을 제대로 이해하지 못하므로 답이 맞으면 지력이 있다고 판단해버린다.

그룹 활동이라는 이름으로 많은 학생을 한자리에 모아 함께 공부하는 방식도 좋게 보이지는 않는다. 그룹을 좌우하는 사람과 그를 따르는 학생을 양산할 우려가 크기 때문이다. 이런 시스템에는 도덕교육도 무엇도 통하지 않는다.

요즘 남자 대학생들은 기계 문명에만 관심을 두고 진·선·미에는 관심을 기울이지 않는다. 두뇌 회전도 기계적으로 변해간다. 기계적인 일은 기계에게 시키고 인간은 인간이 할 수 있는 일을 해야 하는데, 이런 풍조를 보면 막막하기만 하다.

텔레비전과 잡지, 영화와 같은 매체의 영향력은 크다. 스포츠와 섹스, 시네마를 가리키는 3S(영어 단어로는 Cinema지만, 일본의 발음 기호로는 [sinema]이므로 S의 범주에 들어간다._옮긴이)는 안 된다고 외치던 시기가 무색할 정도로 이 세 가지는 요즘 전성기를 누리고 있다.

3S를 허용하거나 방조하면 왜 안 될까? 시네마, 즉 영화는 눈을 통해 사람의 감정을 지배하며, 더 나아가 마음을 지배하기 때문이다. 인간의 고상함은 대부분 대뇌로부터 나오는데, 섹스할 때는 뇌를 사용하지 않고 하반신만 사용하기 때문이다. 지각 작용이 중요한데, 스포츠는 운동 작용만 활성화하기 때문이다. 이 세 가지 모두 지적인 면과는 담이라도 쌓은 듯 등을 돌리고 있다. 이런 식으로 가다가는 '지적'이라는 말 자체

가 무력화할 것이다. 올림픽 개최 결정도 혼란하고 힘든 시기를 무마하여 대중의 반감이 일어나지 않게 하기 위한 정치적 조치가 아닐까 하는 생각마저 든다.

대자연이
인간의 아이를 키우는 방법

나는 우리 사회가 파멸의 절벽에 서 있다고 본다. 이는 전 세계적 차원의 문제인 것 같기도 하다. 어쩌면 모든 인류가 장송곡을 부르며 파멸을 향해 달려가는지도 모르겠다.

이런 상황에서 교육에 대해 고민하고 논해야 하는 이유는 무엇일까? 파멸을 막을 유일한 해법이 교육에 있기 때문이다. 우리 사회가 맞닥뜨린 위기도 잘못된 의무교육에서 비롯된 것으로 생각한다. 작은 목소리로나마 교육 문제에 관해 이야기해보고 싶었던 것도 그래서다.

나는 나라 여자대학에서 학생들을 가르치면서 교육에 몸담게 된 셈이다. 전문적 식견과 지식을 가지고 교육에 종사해온 것은 아니다. 그런 터라, 나 자신을 기준 삼아 말할 수 있는 정도의 연구만 이루어져 있다. 좋은 협력자가 있었다면 그와 더불어 다양한 연구를 진행했겠지만 그럴 여유도 여건도 허락되지 않았다. 그런 한편으로, 앞으로도 협력자가 나타나지 않기를 바라고 있기도 하다. 자칫 교육의 기준이 대자연의 척도가 아닌 다른 연구자의 관점에 맞춰질 우려가 있기 때문이다. 대자연이 인간의 아이를 기르는 척도가 있다. 교육이 거기에 기준을 맞춰야 한다고 믿는다.

인간은 세상에 태어나 한 해 두 해 시간을 보내며 그때그때 자연스럽게 지혜를 터득해간다. 세 살 무렵까지 대자연을 통해 정서를 기르고, 네 살 무렵에는 시간과 공간의 개념을 알게 된다. 다섯 살 무렵에는 자기와 타인의 관계를 터득하게 된다. 여섯 살 무렵에는 자연에 동화되는 일, 다른 사람과 더불어 노는 일, 그리고 그 밖의 흥밋거리를 배운다. 가정교육에 관해서도 이야기해보자.

나는 세 살 무렵까지 어머니에게 사랑과 신뢰를 배웠고, 여섯 살 무렵에는 아버지에게 욕망을 포함한 도덕적 근본을 배웠다.

세 살 아이는 물심양면의 삼라만상을 어떻게 배우는가? '보는 눈'이 아닌 '보이는 눈'에 해답이 있다. 어린아이의 순진무구한 눈을 바라보노라면 아이가 만물을 보는 것이 아니라 만물이 아이의 눈에 '비치고' 있음을 알 수 있다. 맑은 옹달샘에 주위의 풀과 나무와 동물과 구름과 하늘이 비치는 것과 같은 이치다.

이 시기에 어머니가 아이에게 신뢰를 가르치려면 어떻게 해야 할까? 어머니 자신이 신뢰를 저버리지 말아야 한다. 아이가 본능적으로 어머니가 신뢰할 만한 사람이라는 걸 느끼고 의심하지 않게 해야 한다. 세 살배기 어린아이에게 신뢰를 가르치는 방법으로 신뢰를 몸소 체험하게 해주는 것보다 좋은 방법은 없다.

한 어머니가 세 살배기 여자아이의 손을 잡고 시끌벅적한 시내 거리를 걷고 있다고 해보자. 아이는 들뜬 표정으로 여기저기를 기웃거린다. 이는 어머니의 왼손이 아이의 오른손을 꽉 잡는 것만으로 완벽하게 안심한 아이가 보이는 행동 중 하나다. 그때 반대편에서 어머니보다 나이가 한참 많아 보이는 사람이 걸어온다. 어머니는 아이에게 기쁨의 원천이었던 손을 놓고 달려가 그 사람에게 인사한다. 혼자 남은 여자아이는 그 자리에 주저앉아 큰 소리로 울음을 터뜨린다. 어머니가 아이의 신뢰를 저버리는 순간이다. 그 후 여자아이는 어머니가 아는 사람을 만날 때면 자기 손을 뿌리치지나 않을까 긴장하게 된다.

네 살부터는 '보이는 눈'에 백태가 끼듯 때가 끼고 동물적 본능의 '보는 눈'이 발달한다. 이렇게 되면 교육이 한층 어려워진다. 이를 극복하기 위해서는 아버지가 개입해야 한다. 언행일치를 실천함으로써 아이에게 믿음을 심어주어야 한다. 신뢰를 저버려서는 안 된다. 꽉 잡은 아이의 손을 놓아서는 안 된다.

대자연이 인간의 아이를 키우는 과정을 살펴보자. 큰 선이 두 개 그어진 세 개의 계절로 나누어져 있다. 그 계절을 놓치면 안 되는 이유는 무엇인가. 식물이나 곤충조차 그 계절에만 살 수 있다는 걸 보면 이해가 쉽다. 식물도 너무 일찍 심으면 시들어버리므로 조금 늦게 심는 편이 낫다. 모든 일에는 적기가 있는 법이다. 대자연이 이토록 정성스럽게 키워준 아이를 인스턴트식 교육으로 망쳐서는 안 된다.

큰 선 중 하나는 대략 여섯 살 무렵에 그어져 있다. 이는 일차적 기억력이 정점에 달하며 일차적 지적 흥미가 솟아나는 시기다. 다른 하나의 선은 중학교 3학년 무렵이다. 이는 이차적 기억력이 정점에 달하며 이차적 지적 흥미가 솟아나는 시기다. 두 시기의 기억력은 질적으로 다르다. 간단히 말하면, 일차적 기억력은 자연적·영속적 기억력을 의미한다. 이차적 기억력은 정신집중 결과 얻어지는 일시적 기억력을 말한다. 자각하게 되는 '자신'의 숫자도 세 가지로 나누어진다. 여섯 살 무렵까지가 0, 일곱 살부터 열여덟 살 무렵까지가 1, 그 이후가 2 또는 그 이상이다.

여섯 살 무렵, 초등학교에 다니던 가까운 친척 형과 함께 잠을 잔 적이 있다. 그 형이 끊임없이 구구단을 외워대던 기억이 난다. 나는 그 소리를 자장가 삼아 잠을 청했다. 그 후 따로 외우지 않았는데도 구구단을 술술 외울 수 있게 되었다. 참고로, 당시 나는 한자 숫자 중 '아홉 구(九)'만 알았다.

일차적 지적 흥미 시기는 다소 뜬금없는 질문으로 시작된다. 예를 들면, "여기 왜 판자가 있어?"와 같은 질문이다. 간혹 쓸데없는 걸 묻는다며 지적 흥미를 짓밟는 어머니를 본다. 어리석은 반응이 아닐 수 없다. 그런 말을 하면 안 된다.

초등학생 시절에 관해서도 이야기해보자. 개인적인 경험을 예로 들며 이야기하고자 한다.

나는 오사카시에서 태어났고, 네 살 무렵 와카야마로 이사했다. 초등학교 2학년 1학기에 다시 오사카로 돌아왔고, 6학년 때 또다시 와카야마로 돌아갔다. 1학년 때는 2학년과 같은 교실에서 같은 선생님에게 수업을 들었다. 글은 몰랐지만 이미 구구단을 아는 나는 2학년 수준의 수학 문제를 술술 풀었다. 너무 쉬워 장난이 아닐까 하는 생각도 했다.

우리 친척 중에는 중학교를 나온 사람이 많았다. 그 덕분에 글을 읽지는 못해도 아는 단어가 적지 않았다. 하루는 선생님이 2학년생들에게 '다'가 붙는 아는 단어를 말해보라고 하셨다. 1학년이었던 내가 '다이아몬드'와 '다이너마이트'라고 대답하자 다들 놀라는 눈빛으로 나를 보았다. 나는 득의양양하게 다이아몬드는 보석이고 다이너마이트는 폭약이라는 선생님의 설명을 들었다.

그 무렵, 나의 관심사는 이곳저곳을 활개 치고 다니며 노는 일에 집중되어 있었다. 우리는 자주 편을 갈라 싸움을 벌이곤 했다. 나는 긴 끈이 달린 보자기에 책을 넣어 어깨에 메고 다녔다. 보자기에서 책을 전부 빼내고 돌을 넣어 붕붕 돌리거나 허리띠의 금속 부분을 휘휘 휘두르며 패싸움에 몸을 보탰다. 돌도 많이 던졌다.

집에서는 작은 정원을 꾸몄다. 우리 집이 있던 산골 마을은 우물을 파도 물이 나오지 않았다. 하는 수 없이 깊은 숲에서 물을 끌어와야 했다. 우리는 커다란 소나무 침목에 대나무 통을 매달아 물을 끌어왔다. 그 침목을 타고 흐르던 물이 작은 시냇물을 형성했다. 이때부터 이 시냇물을 사용하여 정원을 꾸미는 일에 흥미가 붙기 시작했다. 우리 집 뒷산은 민둥산으로 작은 나무들이 많았다. 나는 그 나무들을 조심스레 파낸 다음 가져와 '시냇물' 주위에 심었다. 신기하게 생긴 나무가 있으면 그걸 어디에 심을지 머릿속에서 구상하곤 했다. 재밌었다. 그러다 보니, 나무만 보면 어디에 심을까부터 생각하게 되었다. 이러한 사고방식은 나중에 수학 연구법을 계발하는 데 도움이 되었다. 이런 경험을 통해 인간의 성격은 어린 시절에 형성된다는 걸 깨달았다. 네 살 무렵에 찍은 사진을 간직하고 있는데, 사진 속 내 표정만 보아도 정원을 얼마나 좋아하는지 묻어난다. 자세히 보면 시선이 허공을 헤매고 있다.

5학년 무렵에는 오사카 시내에 있는 학교에 다녔다. 학교에서 기차역으로 이어지는 길목에 작은 정원을 꾸미는 나무·동물 따위를 파는 가게가 있었다. 날마다 흘낏거리며 그 가게 앞을 지나다녔다. 그 시절의 아쉬움이 남아 있어서 그런지 나는 지금도 작은 정원을 꾸미고 싶은 마음이 간절하다. 시내 모 안경원 쇼윈도를 장식한 작은 정원 탓인지도 모르겠다. 그 앞을 지날 때마다 왠지 모르게 그 생각이 절실해졌다.

제3부

내가 사랑하는 예술

수학자와 화가의 차이

수학은 '조화'를 중심 목표로 삼는다. 예술의 목표는 아름다움이다. 그 아름다움의 중심을 이루는 것도 조화다. '조화'가 중심을 이룬다는 데는 공통점이 있다. 조화를 움직이는 것이 '정서'라는 점도 공통적이다. 두 개념은 일반적인 생각보다 비슷한 면이 많다. 둘 사이에 공통적인 면만 있는 것은 아니다. 다른 면도 많다. 어떻게 다를까? 이 점에 관해 곰곰이 생각해보았다. 우선, 담배를 피우는 모습에 차이가 있다는 걸 알았다.

수학자와 화가 모두 어느 정도 일을 마치고 나면 담배를 한

대 입에 무는 점에서 같다. 수학자는 담배를 피우며 '지금까지는 이렇게 했는데 다음엔 어떻게 할까' 생각하며 노트를 본다. 반면 화가는 지금까지 자신이 한 작업에 잘못된 부분은 없는지 살피며 유심히 그림을 본다. 예술은 담배를 피우며 과거를 본다. 수학은 담배를 피우며 미래를 본다. 제대로 일이 진행되었는지는 모든 것이 완성된 후 판단해야 할 문제다. 아무튼, 이것이 진실함과 아름다움의 근본적 차이이다. 담배를 피우며 과정을 돌아본다는 면에서는 둘 사이에 차이가 없지만 미래를 바라봄으로써 과거를 생각한다는 점은 수학만의 특징이다. 이 점을 제외하면 예술과 수학은 쌍둥이처럼 닮았다.

최근 동료 교수의 소개로 나라 시내에 있는 한 서양화가를 만난 적이 있다. 그는 과거에 몇십 년간 숲만 그렸다고 한다. 최근에는 다시 몇십 년째 시냇물만 그리고 있단다. 화실 한쪽 벽에는 1미터 남짓 크기의 정사각형 그림이 걸려 있었다. 일반적으로 사용하는 보통 캔버스와는 다른 규격이었다.

가까이 다가가서 보니, 정사각형으로 만들기 위해 양옆을 자른 것이었다. 계곡을 흐르는 푸른 시냇물이 그려진 그림이었다. 감상하자니, 공간 배치가 오묘하게 조화를 이루고 있음을 알았다. 구도를 잡는 데 얼마나 걸렸는지 물었다. 일주일이 걸렸다고 했다. 그림을 완성하는 데 걸린 시간도 물었다. 3시간 반 정도 걸렸다고 했다. 바람이 워낙 강해 한손으로 종이를 잡느라 정확하게는 알 수 없다고도 했다.

나는 그 미술가가 구도를 잡느라 일주일간 사용한 지력이 '무차별지'임을 명확히 이해할 수 있었다. 그림을 완성하는 데 걸린 3시간 반 동안 활약한 지력이 '분별지'임도 간파했다. 수학을 하는 데 있어서도 이 정도의 비율이 적당하지 않을까 싶다.

바닥에는 가로 1미터, 세로는 그보다 좀 더 긴 모양의 그림이 놓여 있었다. 아카메시쥬하치타키(일본 미에현에 위치한 아카메마치의 계곡을 흐르는 시내의 총칭이다._옮긴이)를 잘 표현해냈으므로 내심 감탄했다. 이 그림을 완성하는 데 얼마나 걸렸는지 물었다. 그 계곡을 이해하기 위해 가족과 함께 계곡물 근처에 있는 집을 빌려 살며 3년간 그렸다고 했다. 3년여 시간 동안 무차별지가 개입했을 것이다. 그림이란 시간이 지날수록 생명을 잃어간다. 실제로 완성하는 데 걸린 시간은 그보다는 훨씬 짧았으리라.

그 미술가는 그림을 팔거나 감상하기 위해 그리는 것이 아니라고 했다. 남에게 주기 위해 그린다고 했다. 마음에 드는 그림이 있으면 가져가라고도 했다. 선뜻 가져오지는 못했다. 첫 만남에 그러기에는 뻔뻔하다는 생각이 들어서였다. 전부 집에 가져가고 싶은 그림들뿐이었다. 만족스러운 하루를 보냈다고 지금도 회상한다.

교토 국립박물관에 그림을 감상하러 갈 기회가 생겨 연구실 식구들을 모두 데리고 간 적이 있다. 이전부터 보고 싶었던 그림은 전시가 끝나 걸려 있지 않았다. 헛걸음했다는 생각이 들었다. 기왕 박물관에 온 김에 쭉 둘러보기로 했다. 나는 무로마치 시대의 그림에 마음을 빼앗기기 시작했다. 그중 한 폭의 화조화가 지금도 기억에 남아 있다. 하얀 동백꽃이 새 한 마리가 되는 간결한 그림이었다. 그 안에 그려진 새의 날개와 꽃의 가지, 꽃잎 한 장 한 장에서 생동감이 느껴졌다.

설명을 읽어보았다. 화가는 송과 원나라의 화풍을 모방해 그림을 그렸다고 한다. 송이라고 하면 도원 선사가 바다를 건너 선(禪)을 배운 시기다. 나는 반사적으로 『정법안장』에 나오는 "삼라만상을 포함하지만 절기만큼은 포함하지 않는다"라는 문구를 떠올렸다. 절기의 기(氣)는 '청량'이라는 단어와 같다. 그 그림의 청량감을 맛보는 순간 내 머릿속에 청량함이 물감처럼 번지는 느낌이었다.

또 다른 무로마치 시대의 산수화도 있었다. 그 그림의 나무 표현 방식이 에도 시대의 그림들과는 사뭇 달라보였다. 예기치 않은 즐거운 시간의 연속이었다. 그 그림에는 바둑을 두는 사람과 구경하는 사람이 표현되어 있었다. 그들의 표정이 어찌나 즐거워 보이던지! 나도 모르게 『수호지』의 장면이 떠올랐다. 나쓰메 소세키의 『행인』이라는 소설에도 수호지가 언급된 구절이 있다. 그가 그려내고자 했던 풍경이란 바로 이런 것이리라 생각하면서 줄곧 그림을 감상했다.

무로마치 시대에는 주로 송으로부터 이런저런 것들을 많이 들여왔다. 그 전반적인 이미지가 좋았다. 대단히 근사한 작품을 본 것은 아니었다. 그 시대의 전반적인 분위기를 좀 더 잘 이해할 수 있게 된 것만으로도 기분이 좋았다. 박물관을 나서자 난잡했던 마음이 차분해지면서 다시 학문에 열중할 수 있겠다는 생각이 들었다. 이처럼 예술에는 라디오 주파수를 맞추는 것처럼 마음을 조절하는 능력이 있다.

그뿐만이 아니다. 간혹 정신을 고양하여 용기를 북돋워준다. 연구가 진척되지 않으면 '내가 과연 이 문제를 해결할 수 있을까?'라는 의문이 들곤 한다. 여섯 번째 논문을 쓸 때 이런 갈등이 심했다. 그때 도스토옙스키의 『백치』와 『카라마조프가의 형제들』을 즐겨 읽었다. 종이를 넘기기 전까지는 다음 내용을 예측할 수 없는 점이 흥미로웠다. 이 책들을 읽은 친구가 '마음의 심연'을 엿보는 것 같다고 했다. 그 표현에 전적으로 동의한다. 나와 같은 사람이 그런 소설을 썼다는 사실 자체가 문제를 풀지 못해 끙끙대다 지친 내게 얼마나 큰 용기를 북돋워주고 긍정적인 자극을 주었는지 모른다.

조금 더 시간을 거슬러 올라가 내가 프랑스에서 유학하던 시절로 돌아가보았다. 평생 연구해야 할 나만의 분야를 선택하고 어떻게 그 일을 시작해야 할지 몰라 심각한 고민에 빠진 적이 있었다. 일본에 돌아오기 직전 마티스 전시회를 보러 들어갔다. 전시회는 마티스가 학교에서 처음으로 상을 받았을 때의 그림으로부터 시작하고 있었다. 이런 구성이 마음에 들었다. 위대한 화가의 삶을 자연스럽게 알아갈 수 있게 하는 효과적인 구성이었다. 수학 연구도 그런 방식을 응용하면 되겠다는 확신을 얻었다. 그 확신은 귀국 후 소세키나 바쇼의 문학을 접하면서 점점 더 강해졌다. 지금도 그 확신은 흔들리지 않는다.

예술은 '음(音)'을 의심하지 않는다

나는 고등학교 시절부터 음악을 감상하고 소설 읽는 걸 좋아했다. 음악에는 상대적으로 늦게 관심을 두기 시작했다. 프랑스 유학을 마치고 귀국했을 때도 음악이 들리지 않는 걸 막연하게 이상하다고만 생각했다.

내가 음악을 듣기 시작한 건 '연구'를 만들어보기로 마음먹은 시기와 겹친다. 데라다 도라히코 선생이 서양음악에 따라 '연구'를 설명한 책을 읽고 서양 음악을 감상하면 제대로 이해할 수 있지 않을까 하는 생각에서 출발한 것이었다. 처음에는 나카야 우키치로 씨 집에서 레코드를 들었다. 우키치로 씨도 음악에 대한 조예가 깊지는 않았다. 우리는 음악가였던 그의 아내의 〈아다지오〉나 〈스케르초〉 등에 관한 해설을 들으며 음악의 매력에 빠졌다.

나는 음악에 자신이 없었다. 여대 부속 고등학교 교사이자 음악가였던 마에다 선생 집에 놀러 간 적이 있었다. 이런저런 이야기를 하던 중에 모차르트와 쇼팽에 관한 얘기가 화제로 등장했다. 나는 한 비평가의 의견을 인용하면서 "모차르트는 시간적이며 쇼팽은 공간적이라고 말하는 그 비평가의 의견에 동의할 수 없다"고 했다. 그러자 마에다 선생은 손뼉을 치며 기뻐했다. 그는 내 주장이 바로 자신의 의견이라고 말했다. 우리는 몇 시간 동안이나 그 화제에 관해 심도 있는 대화를 나누었다. 돌아오는 길에 내 손에는 선물 받은 위스키가 들려 있었다. 이 일을 계기로 나는 나의 음악적 소견을 피력하는 일에 자신감을 느끼게 되었다.

어떤 곡을 누가 썼는지에 관한 일반적 지식은 부족하다. 그래도 음악을 듣는 건 좋아한다. 수학과 음악은 인연이 깊다는 것도 절실하게 느낀다. 도원 선사는 처음에는 "온 마음을 다해 색을 취하며 음악을 듣고, 그 후에는 온 마음을 다해 색을 들으며 음악을 취하라"고 권했다. 이 말이 왠지 모르게 가슴에 와 닿았다. 사람들이 일반적으로 생각하는 예술 감상은 예술 그 자체를 제대로 이해하지 못한 채 되풀이되는 행위가 아닌가 하는 생각이 든다.

대학 근처에 고객에게 음악을 신청받아 틀어주는 찻집이 있었다. 나는 그곳에 자주 가곤 했다. 가장 좋았던 건 역시 슈만이다. 베토벤이 작곡한 〈봄〉을 계속 들으면서 음악 공부를 시작했던 추억이 있어서 베토벤도 좋아한다. 그렇기는 해도 슈만에는 미치지 못한다. 지금도 가장 조예가 깊은 건 슈만으로, 피히테의 철학과 견주어도 손색없을 만큼 뛰어난 수준이라고 생각한다.

바쇼 일문에 "봄바람 타고, 보리 숲을 흐르는, 맑은 물소리"라는 하이쿠가 있다. 이 하이쿠를 들으면 누구나 초봄의 들판을 떠올릴 것이다. 위의 하이쿠에 쓰인 단어를 자세히 보면 봄바람은 눈에 보이지 않고 물 또한 소리만 들릴 뿐이지만 실제로 보이거나 만질 수 있는 것들은 많지 않다. 심오한 의미는 없으나 들판에 부는 봄바람이 떠오른다. 예술이란 이런 것이리

라. 바쇼는 이 구절을 '경치 제일'이라고 하며 아무리 명인이라도 쉽게 이해할 수 없을 것이라고 말했다. 이를 시작구로 하는 "아지랑이 너머의 희미한 꽃의 단서"라는 말을 덧붙였다. 진정한 예술이란 '음'을 의심하지 않는다.

내가 사랑하는 예술가들

아쿠타가와 류노스케, 나쓰메 소세키, 마쓰오 바쇼. 이 세 사람은 내가 가장 사랑하는 문학가이자 예술가들이다.

아쿠타가와는 목숨 걸고 예술을 한 사람이다. 그는 자신을 '화룡과 싸우는 서양의 기사'라고 지칭했다. 기사는 그리스도의 도움을 받아 화룡의 공격을 막아낼 수 있지만 자신은 아무런 도움도 받지 못한 채 피 흘리며 싸우고 있다고 했다.

아쿠타가와 류노스케가 본격적으로 창작 활동을 하겠다고 마음먹은 뒤 얼마 지나지 않은 어느 날이었다. 그는 친한 친구와 함께 마을 외곽을 걷던 중 끊어진 전선이 물웅덩이에 빠져 보라색 불꽃을 일으키는 광경을 보게 되었다. 그 순간, 그는 자신의 모든 것을 바쳐서라도 그 '불꽃'을 갖고 싶었다고 말했다. 그는 진정으로 자신의 이상만을 보고 달려간 사람이다. 그가 쓴 『동양의 가을』과 『미생(尾生)의 믿음』을 보면 절로 고개가 끄덕여진다.

아쿠타가와는 시에도 조예가 깊었다. 사토 하루오는 "아쿠타가와는 시를 모른다"고 했다. 내 생각에는, 사토 하루오가 도리어 시에 조예가 없어 보인다. "한산습득(寒山拾得)은 아직 떠나지 않았다. 동양의 가을은 아직 끝나지 않는다"라는 말에서 시인 아쿠타가와가 보이지 않는가!

이렇게 이상만을 보고 달리는 스타일을 '서양형', 혹은 '영감형'이라 부른다. 아쿠타가와의 작품 중 특히 뛰어난 작품은 결정을 이룬 것처럼 느껴진다. 이런 작품은 대략 열 개 남짓이다.

그의 스승이었던 소세키는 '동양형', 또는 '정서형'의 전형이다. 고미야 도요타카가 쓴 『나쓰메 소세키』를 참고해보면 이 점을 잘 이해할 수 있다. 소세키의 작품을 우리는 일렬종대로 나열할 수 있다. 정확히 말하자면, 『나는 고양이로소이다』

부터 시작하여 『명암』으로 끝나는 이 작품들이 거대한 하나의 작품을 이루는 것이다. 소세키는 작품 하나를 완성할 때마다 그 경지에 깊이를 더했다. 그 경지로 새로운 작품을 다시 쓰고, 또 경지에 깊이를 더하는 과정을 반복했다. 일생이 한 번뿐인 만큼 경지가 깊어질수록 일렬종대가 될 수밖에 없다. 이는 그가 동양인인 터라 취하기 쉬운 방법이었다고 생각한다.

나도 처음에는 서양식 교육을 받은 '영감형' 인간으로 여러 방면에서 병렬 방식을 취했다. 그러나 '다변수 함수론'이라는 주제를 밀고 나가고자 논문을 써감에 따라 일렬종대 방식을 취하게 되었다. 서양식 교육이 아니었다면 어린 시절부터 이런 유형으로 살아왔을 것이다.

소세키 문학의 깊이를 나타내는 것으로, 세상을 떠나기 전 아쿠타가와에게 보낸 편지의 한 구절을 들 수 있다.

> 나는 올해 여름 오전에는 작품을 쓰고, 오후에는 정원에 있는 등나무 의자에 앉아 녹음을 즐겼다네. 오전에 했던 창작 활동이 휴식하는 오후의 육체에 유쾌함과 기쁨을 안겨 주는데, 나는 문학 하는 사람이 감정을 느끼지 못한다면 그것은 거짓이라 생각한다네.

전적으로 동감한다. 이 편지는 이 구절만으로도 인류 문화에 귀중한 문헌이 될 가치가 있다고 생각한다.

소세키, 하면 생각나는 일화가 또 하나 있다. 그가 아사히신문에 입사하고 얼마 지나지 않은 때였다. 그는 다음과 같이 일갈했다.

"내 소설은 적어도 제군들의 가정에 악영향을 끼치지는 않을 걸세."

이 문장을 처음 읽었을 때 나는 그가 평범한 사람에 지나지 않는 줄 알았다. 이 문장이 얼마나 대단한 말인지를 깨닫는 데는 오랜 시간이 걸렸다. 돌이켜보면, 그는 지당한 말을 호쾌하게 내뱉을 자격이 있는 사람이다. 지금 생존해 있는 문학가 중 이런 호언장담을 위축됨 없이 할 수 있는 자가 과연 있겠는가.

최근의 소설이나 텔레비전 드라마, 영화 같은 것들이 사람들의 정서를 얼마나 뒤흔들고 어지럽혔는지 알 길이 없을 정도다. 인간의 커다란 현관이 더럽혀졌다는 사실을 눈앞에 두고도 '표현의 자유'라는 말을 아무렇지 않게 쓸 수 있는지 의문이다. 이런 세상을 볼수록 소세키의 호언장담이 그리워진다.

소세키는 타이밍을 맞추는 일에 능한 인물이었다. 과학적으로 말하자면, 그는 인생의 4차원적 특징을 잘 파악하고 있는 사람이기도 했다. 그가 쓴 작품 『행인』에 다음과 같은 구절이 있다. 한 형제가 욕탕에 가기 위해 여관의 계단을 내려가던 중 갑자기 형이 동생 지로를 불러 세운다. 기차에서 하지 못했던 말을 하려고 했겠지. 그렇게 그 두 사람은 계단 중간에 멈춰 선다. 타이밍이란 이런 걸 가리키는 말이다. 이런 기법으로 주인공과 독자는 그 상황을 공유하는 듯한 느낌이 들게 된다. 이것은 아쿠타가와에게 찾아보기 힘든 소세키만의 특징이자 독특한 문학 세계다.

요즘 소세키의 소설을 읽는 사람은 갈수록 줄어드는 추세다. 사람들은 점점 더 자극적인 소설을 찾는다. 미묘한 뉘앙스 차이를 이해하지 못하는 사람들이 늘어나는 것과 밀접한 관계가 있지 않을까.

마쓰오 바쇼를 처음 언급한 것은 아쿠타가와의 『바쇼 잡기(雜記)』, 『속(續) 바쇼 잡기』다. 이 책을 처음 읽은 건 프랑스로 가기 전이었다. 그때는 말 그대로 읽기만 했을 뿐이었다. 자세히 살펴본 것은 귀국한 뒤였다. 바쇼의 문인들은 진지하게 하이쿠와 '연구' 창작에 임했던 것 같다. 하이쿠는 17자로 이루어져 있다. 어느 날은 잘 읽혔다고 자부하지만 다음 날 다시 보면 이걸 제대로 읽은 것이라 할 수 있을지 의문을 품게 한다. 명인이라면 생애 10구 정도의 하이쿠를 만드는 것이 적당하다고 바쇼는 언급한다. 이런 글자에 인생을 걸다니, 신기한 노릇이다. '바쇼는 과연 어떤 생애를 살았을까'라는 의문을 품고 귀국 후 그의 책을 좀 더 자세히 살펴보았다. 그제야 그가 추구했던 것이 아름다움의 본체였다는 사실을 깨달았다.

현대 문학을 현대의 샘플로 읽는 경우를 종종 본다. 최근에 이노우에 야스시의 『둔황』이라는 작품을 읽었다. 재미있고 근사했다. 속도감 있는 진행에 놀랐다. 장대한 작품을 짧은 시간에 읽고 말았다.

혹자가 비평하기를, "괴테가 검은 광택 나는 책상이라고 한다면 『바람과 함께 사라지다』는 불투명한 그것이다"라고 했다. 그럴싸한 평이라고 생각한다. 이 『둔황』이라는 작품에서도 『바람과 함께 사라지다』처럼 불투명함 가운데서도 빛나는 무언가를 느낄 수 있다. 『바람과 함께 사라지다』처럼 흥미로울 뿐 아니라 빠른 템포임에도 그 안에 시적 정취가 들어 있다는 것도 알게 된다. 나는 개인적으로 이노우에 야스시의 작품을 칭찬하고 싶다.

한편으로 그의 작품은 지나치게 신시대적이다. "얕은 곳에서 깊은 곳으로, 깊은 곳에서 얕은 곳으로 돌아오는 마음가짐"이라는 바쇼의 말과는 다르다.

좋아하는 외국 작가로는 앙드레 지드를 꼽고 싶다. 도스토엡스키의 작품을 논평한 글도 읽을 만하고 묘사력도 뛰어나다. 『여학교』라는 작품은 숨도 쉬기 힘들 정도로 재미있다. 솔직히 저 여학생 계급 자체가 흥미로운 소재이기도 하다. 지드를 불편해했던 사람으로 요코미쓰 리이치가 있다. 그는 '신감각파'라고 불리면서도 실질적으로 감각은 별로 없었던 듯하다.

좋아하는 화가로는 요코야마 다이칸과 구스미 모리카게, 고흐와 피에르 라프라드가 있다. 다이칸의 대표 작품으로는 『무아』와 『소상야우(瀟湘夜雨)』를 들 수 있다. 개인적으로는 전자를 좋아한다. 그는 아쿠타가와와 마찬가지로 예술에 목숨 건 사람으로 '영원한 개념의 그림자'라는 개념을 명확히 이해하는 사람이었다고 생각한다. 목숨을 건다는 게 딱히 별난 작품만을 나타내는 것은 아니다. 밥 대신 술만 마시고 그렸다고 해도 잘 그렸다고 인정할 만한 작품에는 '목숨을 걸었다'는 느낌이 묻어나온다.

구스미 모리카게의 작품을 실물로 보지는 못했다. 대신, 어느 화가가 신문에 내었던 사진으로 접했다. 〈박꽃시렁 납양도〉라는 작품이었다. 처음 접했는데도 마음을 울렸다. 이 그림에는 반라의 여인이 등장하는데, 그 반라의 여인보다는 그것을 바라보는 작가의 마음이 잘 나타난다. 다시 말해, 일상적인 마음이 그대로 드러나 있다. 그 마음을 중점적으로 보려고 하는 까닭에 이 작품이 마음에 드는 것은 당연한 이치일지도 모르겠다. 무라카미 가가쿠의 『히다가가와강의 기요히메』라는 작품도 좋아한다. 나는 이 작품이 일상적인 상태가 아니라 열정적인 상태를 나타낸다고 생각한다.

고흐와 라프라드는 내게 특별한 감동을 준 화가들이다. 라프라드는 내가 대학에 다닐 무렵 사토 하루오가 쓴 책으로, 처음 접한 이후 전람회에 두 번 가면서 좋아하는 화가로 자리 잡았다. 나는 일단 어떤 그림이 마음에 들면 비평가들이 뭐라 하든 개의치 않는 성격이다. 남들이 뭐라 해도 나는 그 작품에서 아름다움을 느낄 수 있다. 예술이란 그것만으로 충분하다고 생각한다.

여성의 정서를 깊이 이해한 문학가들

인간이 집단생활을 영위할 수 있는 비결은 무엇일까? 타인의 감정을 이해하는 능력이 있기 때문이다. 사람들 대다수는 그 사실을 알고 있다. 심지어 타인의 감정을 이해하는 것이 뭐가 어렵냐고 반문하는 사람도 적지 않다. 이해에도 여러 측면이 있다. 타인의 감정을 이해하는 일은 쉽지 않다. 여성을 그린 문학가들을 예로 들어보자.

여성을 잘 그렸다고 단언할 만한 작가로는 소세키와 도스토옙스키가 있다. 나는 소세키의 『그 후』와 『행인』을 재미있게 읽었다. 이유가 뭘까? 등장하는 여성이 매력적이기 때문이다. 도스토옙스키가 쓴 『백치』에 나오는 아그라야라는 인물은 실제로 살아 있는 사람이 아닐까 혼동될 정도다.

어쩌면 다음과 같이 반문하고 싶은 독자가 있을지도 모르겠다. "괴테의 『빌헬름 마이스터』와 시가 나오야의 『나오코의 죽음』은 가련한 여성상을 잘 나타낸 것이 아닌가"라고. 그렇지는 않다. 괴테는 남성이 보는 영원한 여성상을 그리고 있다. 『나오코의 죽음』은 생각지도 못한 여성의 죽음을 눈앞에 둔 남성을 그린다. 두 작품 모두 남성을 그리고 있으며, 여성은 그 부속에 지나지 않는다.

이러한 차이가 나는 이유는 무엇일까? 여성을 잘 나타내기 위해 여성의 마음에 일렁이는 파도를 이해해야 하기 때문이다. 남성이 주류를 이루는 문학에서 여성을 제대로 이해하고 표현하기는 어렵다. 여성은 남성과 가까운 존재이면서 동시에 차이가 있다. 그 정서는 확연히 다르다. 남성이 자신의 정서에 이는 파도를 가라앉히지 않은 채 여성을 바라보면 여성의 정서에 일렁이는 파도를 객관적으로 파악할 수 없다.

일본의 근대문학은 역사가 짧아 어느 정도 한계가 있을 수

밖에 없다. 문학의 역사가 긴 외국에서도 여성의 정서 파도를 훌륭하게 그려낸 사람은 도스토옙스키뿐이다. 남성이 여성의 감정을 제대로 이해하기는 그렇게나 어렵다.

이 두 사람은 어떻게 이토록 섬세한 여성의 감정을 잘 표현할 수 있었을까? 소세키가 표방한 '측천거사(則天去私)'와 도스토옙스키가 중시한 '겸허함'을 생각하면 이해가 쉽다. 나 역시 '그들이 이런 정서를 가진 사람들이라서 여성을 잘 표현할 수 있었던 것이구나' 하고 이해했다.

금의 시대, 은의 시대, 동의 시대

공동체의 아름다움이 사라지면 안 된다는 건 누구나 안다. 공동체의 아름다움이란 단시일 내에 만들어질 수도 없고 한두 사람의 노력만으로 이루어질 수도 없는, 말할 수 없이 소중하고 가치 있는 것이기 때문이다. 문제를 정확히 아는 것은 물론 중요하다. 그러나 그것만으로는 충분하지 않다. 문제를 아는 것과 문제를 해결하는 것 사이에는 커다란 틈이 존재하는 까닭이다. 확실한 해결책을 찾는 것이 말처럼 쉽지 않은 것은 그래서다.

어휘를 들어보았거나 표면적 의미를 안다고 내용을 이해한다고 장담할 수는 없다. '가을 햇살'이라는 말을 떠올려보자. 가을 햇살은 표면적 의미로는 '가을에 비치는 햇살'이다. 이 설명으로는 가을 햇살을 온전히 담아낼 수 없다. 관념적 어휘, 즉 머릿속에서 맴도는 흐릿한 이미지가 가을 햇살의 실체는 아니다. 살갗에, 온몸에 스미는 가을 햇살을 체험하고 그 깊이를 오감을 통해 느끼지 못한다면 가을 햇살을 이해했다고 말하기 어렵다.

이제 무언가를 진정으로 이해한다는 것이 얼마나 대단한 일이며 녹록하지 않은 일인지를 또렷이 알겠다. 나는 이곳저곳 무너지고 금이 간 낡은 벽을 좋아한다. 그 벽이 세월의 초연함을 간직하고 있기 때문이다. 가을 햇살을 이해하기 어려운 것처럼 벽 또한 오롯이 이해하는 사람은 아마도 드물지 않을까. 가을 햇살을 이해하는 사람이 갈수록 적어지는 것 같다. '금의 시대와 은의 시대'라는 구분법이 있다. 소세키가 활동하던 시기를 '금의 시대'로, 그의 제자인 데라다 선생이 활동하던 시기를 '은의 시대'로 잡는다. 우리가 사는 세상은 '동의 시대'로 일몰 직전이 아닐까?

요즘 미묘한 뉘앙스를 이해하지 못하는 사람이 늘고 있다. 모든 것을 형식적으로만 이해하는 사람도 늘어난다. 그런 표피적이고 불완전한 생각이 공동체를 빈곤하게 만드는 게 아닐까? 사람들은 이런 추세가 피부에 찰과상을 입은 것처럼 대단치 않은 일이라고, 심장이나 내장기관에 영향을 주는 것은 아니니 괜찮다고 말한다. 과연 그럴까? 아무 문제가 되지 않을까? 그 상처로 균이 침투하면 병균이 심장에까지 다다르고 생명을 위협할 가능성도 배제할 수 없다. 같은 이치로, 질이 안 좋은 소설이나 영화를 보면 마음이 부패한다. 그 부패가 죽음으로 이어질 위험성도 있다.

공동체의 좋은 점을 보존하기를 원한다. 그 좋은 점이라는 것이 그리 대단한 것은 아니다. 이를 지키기 위해서는 인간과 사물의, 그리고 관계의 본질을 이해하고 핵심을 간파하는 사람의 손에 권력이 쥐어져야 한다. 본질과 핵심을 꿰뚫을 줄 아는 다음 세대를 키워내는 일 또한 중요하다.

현세대에는 아직 살아 있는 좋은 점들을 손대지 않고 내버려 두는 편이 좋다고 생각한다. 섣불리 손댔다가는 돌이킬 수 없는 파괴 행위로 이어져 끔찍한 결과를 초래할 수 있기 때문이다. 한번 나쁜 길로 접어든 행위는 점점 더 나쁜 방향으로 굴러간다. 더 끔찍한 파괴가 저질러지기 전에 사물과 인간, 관계와 공동체의 본질을 제대로 이해하는 리더가 등장해주기를 간절히 바란다.

예술과 물리학의 경계

재작년 가을의 일이었다. 나는 문화훈장을 수상하기 위해 상경했다. 그 참에 오랜만에 나카야 씨를 만났다. 우리는 그의 전공인 저온과학에 관해 이야기를 나누었다.

"내 일을 물리학으로 영 봐주지 않더군. 눈을 만드는 실험을 했는데, 내가 하면 잘되던 것이 다른 사람이 하면 되질 않아. 도리어 물리보다 예술가가 아니냐는 소리를 듣는다네."

이 이야기가 재미있어서 그 날 함께 상을 받은 요시카와 에이지(1892~1962. 일본의 대중 소설가로 주로 고전에서 소재를 얻어 쓴 작품이 많다. 그가 일역한 『삼국지』는 만화로도 만들어졌으며 우리나라에도 번역판으로 소개되었다._옮긴이) 씨에게 그 말을 했다. 그도 나처럼 재미있어 했다. 그는 이런 말을 덧붙였다.

"일본인은 특정 방면에서는 남을 잘 따라 하지 못한다오. 그것과 평가는 별개인데, 개인적으론 안타까울 따름이오. 몇 가지 예를 더 들어보고 싶소."

나카야 씨는 데라다 도라히코 선생의 제자로 평생을 실험물리학자로 살아왔다. 나카야 씨는 온화하고 머리가 비상한 사람이었다. 1929년은 나카야 씨와 처음 알게 된 해였다. 파리 유학 중의 일이었다. 일본인 유학생들이 생활했던 사쓰마 회관에서 가까운 방을 쓰게 되면서부터였다. 히로시마 문리과 대학의 동료 물리학자였던 마사키 씨도 나카야 씨는 선한 사람이라며 칭찬을 아끼지 않았다. 나중에 그는 히로시마 원폭으로 생을 마감했다.

파리에서 나카야 씨는 2주간 밤마다 내 방을 찾아와 두 시간씩 『데라다 물리학』에 관해 이야기해주었다. 이 일은 나의 수학 연구에 큰 도움이 되었다. 연구실의 분위기 등 궁금했던 사항들을 묻지 못한 데 대해서는 아쉬움도 남아 있다. 그의 동생

나카야 지우지로도 당시 함께 유학중이었다. 나카야 씨는 지우지로와 나를 이끌고 파리를 구경시켜주었다. 늘 바쁘게 움직이면서도 여유로운 표정을 잃지 않는 그의 모습을 보면서 '두뇌 활동이 활발한 사람이구나!' 생각하며 감탄했다. 홋카이도처럼 추운 지역에서 바쁘게 살았다는 점이 그의 수명을 줄였을지도 모를 일이다.

그는 이상보다는 현실을 중시하는 사람이었다. 좋게 말하면 환경에 순응하는 면이 있었다. 저온과학을 선택한 이유도 특이했다. 홋카이도에 갔기 때문에 저온과학을 한 것이지 저온과학을 하기 위해 홋카이도에 간 것은 아니라고 했다. 그의 그러한 긍정적인 성격이 나카야 씨의 학문을 성장시킨 배경이 되었다. 나카야 씨의 수필과 데라다 선생의 수필 사이에는 분명한 차이가 있었다. 나카야 씨가 쓴 수필은 부정적 내용이 적고 전반적으로 밝은 분위기를 띠고 있었다. 독자들은 이 점에 후한 평가를 했다. 데라다 선생은 이상을 중시하는 만큼 글의 분위기가 부정적이었다.

나카야 씨가 얼마나 긍정적이고 밝은 성격인지 알 수 있는 일화가 있다. 그의 딸인 사키코가 병상에 있었을 때의 일이다.

그의 동료이자 도쿄대 학장이었던 가야 세이지 씨와 했던 전화 통화에서 그가 말했다.

"지금 우리 딸의 심장이 멈췄다네."

이 말을 들은 가야 씨가 도리어 깜짝 놀랐다고 한다.

5월에 와카야마에 있는 가타야마즈 온천에 같이 가자는 약속을 해놓고 먼저 떠나다니! 다방면의 지식과 재능을 겸비한 사람이 영영 떠났다는 사실이 안타까울 따름이다.

입자형 인간 vs. 파동형 인간

나는 작가 요시카와 에이지의 오랜 팬이다. 그를 실제로 만난 건 두 번이었다. 1960년 가을 문화훈장을 수상했을 때 한 번, 이듬해 그가 입원해 있는 병원으로 병문안을 갔을 때 또 한 번. 날 수로 따지면 3일밖에 안 된다.

요시카와 작가가 생을 마감한 후 많은 사람이 그의 삶과 업적을 칭송한다. 개인적으로 충분한 칭송이 되지 못한다고 본다. 일본에는 '오래된 일본'과 '새로운 일본'이 있다고 나는 생각한다. 요시카와 씨는 양쪽을 겸비한 인물이다. '오래된 일본'이란 공자 시대보다도 더 거슬러 올라가야 할 정도로 긴 시간 이어져 온 개념이다. 한마디로 그것을 표현할 수는 없지만 동물적 요소가 아니라는 점은 확실하다. 한데, 이를 제대로 평가하는 사람이 드무니 이상한 일이다.

아무튼, 소박하고 고대적인 것들이 요시카와 씨에게서 뿜어져 나왔다. 그의 얼굴을 처음 본 순간, 만 년 전부터 알고 지낸 사이인 듯한 묘한 기분이 들었던 것도 그래서였던 것 같다. 용모를 '예스럽다'라고 설명하면 다들 수긍할 것이다. 중국 상나라 시대에 존재했다고 전해지는 머리에 뿔 달린 제왕을 생각하면 그 이미지에 부합하지 않을까 생각한다.

그와는 수상식 당일에 처음 만났다. 본격적인 식이 시작되기 전에 순서 확인 차 궁내청(일본의 행정기구 중 하나로 일본 황실에 관련된 사무 업무 등을 도맡아 한다._옮긴이) 사람들이 바삐 돌아다녔다. 황거 안에 있던 연못에 접한 건물이었는데, 이름은 기억나지 않는다. 처음부터 몰랐던 것일 수도 있다. 나와 요시카와 에이지 씨, 사토 하루오 씨, 다나카 고타로 씨, 수상이었던 이케다 씨와 문부대신이었던 아라키 씨가 한데 모여 두런두런 이야기 나누었다.

이케다 씨는 말이 많았는데, 영양가 있는 내용은 없었다. 정치 하는 이들은 대개 그렇다. 단, 이케다 씨가 "우리보다 여러분이 대중에게 훨씬 인기가 좋소"라고 한 말만은 선명하게 기억에 남아 있다.

사토 하루오 씨와 나, 요시카와 씨, 이렇게 세 명은 문예에 관한 이야기로 꽃을 피웠다. 전체적인 내용은 기억나지 않지만 사토 씨의 발언만은 선명하게 기억한다.

"일본어를 잘 쓰신다고 하는데, 현대 가나즈카이 표기법(과거 일본은, 구어체는 발 빠르게 변했으나 문자표기는 헤이안 시대 이후의 것을 고집하여 발음과 표기 사이에 괴리가 발생했는데, 이를 발음에 따라 표기 규정을 제정한 것을 현대 가나즈카이라고 한다. 1946년에 제정되어 1986년에 개정되었다._옮긴이)은 어떠신지요? 잘 쓸 수 있으신지요? 제게 상담하는 사람이 없는 걸 보니 개인적으로는 꼭 그 표기법을 따라야 할 필요는 없다고 봅니다. 저는 제 방식대로 하려고 합니다."

요시카와 씨에게는 그의 작품인 『사본태평기』에 나오는 구스노키 마사시게라는 인물의 왼쪽 눈썹에 난 상처에 관해 물었다. 소설에는 어린 시절에 넘어지다가 대나무 단면에 다쳤다고 돼 있다. 실제로 그런 일을 겪었는지 궁금했다. 요시카와 씨는 물론 창작이라며 웃었다. 그는 그런 사소한 내용까지 기억해주는 내게 고마워했다.

식이 시작되고 단상 앞으로 나갔다. 이케다 씨와 아라키 씨에게 훈장을 받았다. 식이 끝나고 별실에서 다 함께 점심을 먹었다. 음식 맛이 좋았다. 또 다른 방으로 옮겨가 커피를 대접받았다. 이런저런 말을 들었지만 귀에 들어오지 않았다. 기분이 고양된 탓인 듯했다. 몇 가지 질문을 받았으나 무슨 답을 했는지 기억나지 않았다. 나중에 아라키 씨가 귀띔해주었다. "수학은 생명의 연료로 만들어집니다"라고 내가 말했다나. 당시는 학문의 독창성을 강조하던 시기였다. 그 생각이 그대로 말이 되어 입 밖으로 나온 모양이었다. 그 말이 요시카와 씨의 마음에 들었던 것 같다. 그는 자기 작품 주인공이 생명의 연료를 불태우고 있다고 말했다. 요시카와 씨의 말을 통해 나 또한 많은 것을 배웠다.

요시카와 씨가 쓴 작품의 주인공들에게는 생명의 연료라 할 만한 뜨거운 정열이 느껴진다. 요시카와 씨 자신도 이 정열 덕분에 원대한 목표를 세울 수 있었으며, 그 목표를 이루기 위한 노력에 매진할 수 있었다. 생명의 불꽃이 타오르는 사람, 그것을 그려내고자 하는 욕구로 충만한 사람, 그 자체로도 그는 이미 천재였다. 그는 천재이되 단순한 천재가 아니었다. 요시카와 씨가 생을 마감한 후 도쿄가 색채를 잃었다고 할 수 있을 정도로 위대한 천재였다. 앞으로 또다시 그에 필적할 만한 천재가 나올 수 있을까?

뉴턴은 빛의 본질을 '입자'라 주장했고 피겐스는 '파동'이라 주장했다. 최근 루이 드 브로이(Louis de Broglie, 1892~1987, 프랑스 이론물리학자_옮긴이)라는 이론물리학자가 빛은 입자와 파동을 모두 가지고 있음을 증명함으로써 논쟁에 마침표를 찍었다. 이 말을 빌려 문학을 분류하자면 문학에도 '파동형'과 '입자형'이 있다는 식으로 설명할 수 있다. 그것은 작품뿐 아니라 작가에게도 적용된다. '입자형 인간'은 아쿠타가와가 쓰는 '시'가 무엇인지 제대로 이해하는 사람, 직관을 제대로 이해하는 사람이다. 열로 표현하면 대류, 전도, 방사 중 방사에 해당한다. 거리가 떨어져 있음에도 뜨거운 마음을 느낄 수 있는 사람이다. 하이쿠를 '입자형', 단가(짧은 형식의 시가_옮긴이)를 '파동형'으로 나눌 수 있다. 이 분류에 기초하면 사토 씨는 파동형 인간이다. 요시카와 씨는 의심할 바 없는 입자형 인간이다. 요시카와 씨의 그런 면이 내가 좋아하는 아쿠타가와와 흡사했다. 그래서인지 나는 그와 더 많은 이야기를 나누고 싶었다.

요시카와 씨는 직관력이 뛰어났다. 사람의 마음을 맑은 물속을 들여다보듯 잘 파악했다. 이야기 도중 내가 무슨 말을 하고 싶어 하는지 재빨리 알아채기도 했다. 병상에 눕기 전, 그가 오사카에서 강연한 적이 있다. 그 무렵, 너무 바빠서 아내에게 대신 가달라고 부탁했다. 강연을 다녀온 아내는 그를 폭풍 칭찬했다. 굉장히 유명한 사람인데도 누구와도 거리낌 없이 말을 나누는 모습이 인상적이었다고 했다. 이 점만 보더라도 요시카와 씨는 다른 사람이 하고자 하는 말을 간파하고 이야기의 화제나 표정을 자연스럽게 바꾸어 말하기 쉬운 환경을 만들어주는 능력을 타고난 사람이라는 것을 알 수 있었다. 그런 재능이 그의 작품 창작에도 도움이 되는 게 아닐까 싶었다. 인물들의 심리 변화를 효과적으로 묘사할 수 있을 뿐 아니라 충동적으로 등장하는 부분을 손쉬우면서도 효과적으로 바꿀 수 있을 테니까.

나는 나카야 우키치로 씨를 화제로 올렸다. 그가 만든 눈 결정을 다른 사람은 만들지 못하니 그것은 과학이 아닌 예술이라는 식으로 평가받는다고 이야기했다. 요시카와 씨는 연민이 담긴 목소리로 말했다.

"일본인은 무엇이든 서양에서 배우면서 그 틀에서 벗어난 것은 경시하는 경향이 있어요. 문학도 순수문학이라는 틀에서 벗어나면 예술로 봐주지 않더군요."

그러고 보면 요시카와 씨의 문학이 대중문학과는 거리가 있는 것도 사실이다.

그 후 얼마 지나지 않아 요시카와 씨가 게이오 병원에 입원했다는 소식을 들었다. 너무 바빠 즉시 병문안을 가지는 못했다. 그러다가 원유회 초대를 받아 상경할 기회가 있었다. 그 기회를 놓치지 않고 게이오 병원을 찾았다. 짧은 시간 동안의 병문안이었지만 그가 내게 한 말은 지금도 생생히 기억에 남아 있다.

"지금껏 작품만 쓰느라 주위를 돌아보지도 못했소. 이렇게 병상에 누우니 비로소 여유가 생겨 조금이나마 주위를 돌아볼 수 있게 되었구려. 내년 가을에는 나와 함께 원유회에 가시지 않겠소?"

안타깝게도, 그 약속 이후 나는 요시카와 씨를 두 번 다시 만날 수 없었다.

내 삶에 영향을 끼친 스승과 벗들

마쓰오 바쇼는 "인생이란 여정(旅程)과 같다"고 말했다. 나 역시 인간은 늘 여행하고 있다고 생각한다. 인생은 그 기나긴 여정의 하루에 지나지 않는다고도 생각한다.

외부세계는 보려고 하면 보이고 만지려고 하면 만질 수 있는 감각의 세계다. 그러므로 외부세계는 명백히 존재한다. 감각의 주체인 인간 역시 존재한다. 눈에 보이고 만질 수 있는 자신 역시 존재한다고 여긴다. 여기서 의문이 생긴다. 과연 그럴까?

자신이라는 존재가 무엇인지에 관한 해답을 얻기는 어렵

다. 내 나이 예순 둘이다. 인생의 종착역에 다가서는 나이다. 이제껏 이 여정에 함께한 여행자들이 무슨 생각을 했는지 떠올리는 것만으로도 감정이 북받쳐 오르는 기분이다. 그들은 오늘의 나라는 존재를 만들어준 사람들이다. 그 한 사람 한 사람이 나의 스승이자 벗이기도 하다. 마쓰오 바쇼의 『원사(猿蓑)』라는 시집에 "겨우 잠들고 다시 잠에서 깨는 우리네 선잠"이라는 글귀가 있다. 자신이라는 존재는 사람들이 휴식을 취하고 잠을 자는 합숙소와 같다. 그들 중 생각나는 이를 몇 명 꼽아 써보려고 한다.

초등학생 시기는 봄 들판에서 풀을 꺾고 노는 시절이다. 중학생 시기는 어둠이 걷히고 아침이 밝아오며 실체가 드러나는 시절이다. 고등학생 시기는 자기 존재를 검토하여 인생 계획을 짜는 시절이다. 가장 먼저 떠오르는 초등학교 시절의 은사는 후지오카 선생님과 창가(唱歌)를 가르쳐 주셨던 여선생님이다. 후지오카 선생님은 오사카의 간난 초등학교에 다닐 무렵 나를 귀여워해주셨다. 죄송스럽게도 창가를 가르쳐 준 선생님 이름은 기억나지 않는다.

그즈음 나는 동급생 친구와 선생님을 놀렸다. 선생님은 우리에게 서운해하셨다. "내가 너희를 얼마나 귀여워하는데 그런 식으로 놀리면 안 된다"고 말씀하셨다. 그 말을 듣고 나는 후회막급한 마음에 한참을 울었다.

후지오카 선생님은 이과 과목과 그림 그리는 법을 가르쳐 주셨다. 그 무렵, 나는 교외에 있던 우치데에서 통학했다. 선생님은 내게 이런저런 심부름을 시키셨다.

"내일 수업에 밤송이가 필요하니 송이째 가져다주렴."

그런 심부름을 도맡아 할 때마다 기뻤다.

하루는 미술 시간에 동백꽃을 그렸다. 마음대로 잘 그려지지 않아 속상했다. 선생님이 조용히 다가오신 것은 그때였다. 선생님은 크레파스를 집어 들고 동백꽃을 그려주셨다. 어린 눈으로 보기에도 근사했다. 집에 가져와서 소중히 보관했다.

오사카 시내에서 그림 그리기 대회가 열렸다. 초등학교에서 그림 잘 그리는 아이들을 대상으로 하는 대회였다. 어느 신문사가 주최했는지는 기억나지 않는다. 나와 다른 한 아이가 뽑혀 대회에 나갔다. 후지오카 선생님도 함께였다. 대회 일주일 전, 선생님에게 속성으로 집중 지도를 받았다. 대회에 나가

보니 우리보다 잘 그리는 아이가 많았다. 멍하니 앉아 있기만 하고 아무것도 그리지 못했다. 그때였다. 우리 자리로 한 어른이 다가와 그림을 잘 그리느냐고 물었다. 귀까지 빨개져서 아무 대답도 하지 못했다. 선생님은 경험 삼아 데리고 온 것이라고 대답하셨다. 어찌나 고마웠는지!

나는 그림 그리기를 좋아했다. 후지오카 선생님 덕분이었다. 이젤 등 미술도구를 사서 들고 여기저기 다니며 그림을 그렸다. 나라는 존재가 정서 중심으로 완성되어 간 것은 이런 시절의 경험 덕분이었다. 초등학교 시절에는 특히 이런 경험이 중요하다. 많은 숙제를 내주고 늦게까지 공부시키는 선생님이 아이들의 기억에 오래 남을까? 그렇지 않다. 아이들의 뇌리 속에 고생한 기억, 괴롭힘 당했다는 기억만 남기 십상이다.

고카와중학교에서는 기숙사 생활을 했다. 기숙사 사감은 영어 담당 우치다 선생님이었다. 키는 작았지만 재기발랄한 분이었다. 영어 수업도 재미있었다. 선생님은 매년 기숙사생을 내보낼 때 학생들 하나하나에게 사려 깊은 충고를 해주셨다. 그런 모습이 인상적이었다.

그 후 선생님은 야마나시현의 미노부라는 곳에 교장으로 부임하셨다. 그곳에서도 선생님은 한결같았다고 한다. 졸업생들은 우치다 선생님에게 늘 고마워했다. 선생님 덕분에 자기가 성공할 수 있었다며 감사를 표했다. 몇몇 학생은 선생님이 집을 지으실 때 방을 하나씩 만들어드렸다고 한다.

선생님은 여든의 연세에도 정정하시다. 최근 두 번 정도 뵐 기회가 있었다. 댁으로 찾아뵈었고 졸업생들이 지어드렸다는 방에서 하룻밤을 묵었다. 우치다 선생님은 고카와중학교 이야기 도중 내 3년 선배이자 구리모토 철공소의 사장을 지낸 미다 간이치 씨가 보고 싶다고 하셨다. 일전에 구리모토 철공소에 들른 적이 있었는데 그때 환대를 받으셨다고 한다. 교육자로 한평생을 살면서 세월이 많이 흐른 뒤에도 제자들에게 존경받고 사랑받고 아름다운 추억의 대상이 된다는 것, 이보다 더 흐뭇한 일이 또 있을까!

나는 우치다 선생님이 하신 말씀을 지금도 기억한다. 미다 씨가 기숙사를 나갈 때였다. 선생님은 "실패하면 돌이키기 어려우니 만사에 조심하라"고 말씀하셨다. 듣기에 따라서는 매정하게 느껴질지 몰라도 밝은 성격이었던 미다 씨에게는 안성

맞춤인 조언이었다. 선생님의 조언 덕분이었는지는 확실하지 않지만 미다 씨는 큰 실패를 겪지 않고 자기 일에 성공할 수 있었다.

요즘 문화훈장을 시작으로 상을 받을 기회가 많아졌다. 그때마다 자기 일처럼 기뻐해준 중학교 동창이 있다. 마이니치 신문에 『수학자의 공부』를 연재할 때도 "하고 싶은 말을 하는 것은 좋은데 적을 만들지는 말라"고 조언해준 사람 역시 이 친구였다. 그의 조언이 나는 고마웠다.

고등학생이 되면 비판적 사고가 생긴다. 스스로 자아비판에 빠지기도 한다. 나에게도 그러한 시기가 있었다. 다음은 그와 관련된 에피소드 중 하나다. 고등학교 1학년 때였다. 그 무렵, 나는 좋은 성적을 받는 게 무슨 의미가 있느냐는 생각에 빠져 있었다. 그런 터라, 수학 시험 시간에 답안 쪽지를 만들어 돌리다가 수학 담당인 스기타니 선생님에게 발각되어 교무실로 불려갔다. 교무실에 서서 가슴에 와 닿는 이야기를 들었다. 자세한 내용은 기억나지 않지만 인생에 관한 이야기였을 것이다. 그 일이 있은 뒤로 교칙을 고의로 위반은 하지 않았다. 스기타니 선생님은 인생 설계도를 그릴 시기에 알맞은 조언을 내게 해주셨던 거다.

잊을 수 없는 분에 지질학을 가르쳐 주셨던 에하라 선생님이 계시다. 선생님은 세계 각국 학자들과 함께 태평양 연안의 지질도를 그리는 작업을 하셨다. 그 무렵, 선생님은 자주 밀짚모자를 쓰고 해안가를 걸으셨다. 40년이나 지난 지금도 선생님은 그 연구에 몰두하며 가끔 논문을 보내주신다. 선생님은 소박하면서도 활기찬 분이다. 연구를 시작하면 시간 가는 줄 모르고 집중하셨다. 선생님은 학자다운 겸허함으로 모든 일에서 일정 선을 넘지 않으셨다. 선생님은 그 작업을 당시 막 시작했다고 말씀하셨다. 나는 선생님이 평생 그 작업을 하시리라는 예감을 가졌다. 선생님은 여러 면에서 인상적인 분이셨다. 에하라 선생님은 우리의 과거나 현재보다 미래에 늘 감탄하셨다. 아직 어린 나이라 미래가 창창하다고 여겨서 그러셨던 게 아닐까 싶다.

고등학교 3학년 때 국어를 가르치셨던 사카쿠라 선생님도 기억에 남아 있다. 당시 『쓰레즈레구사(徒然草: 상하 두 권 약 244단으로 이루어진 가마쿠라 시대 말기의 수필집_옮긴이)』를 가르쳐 주셨는데, 그 작품은 역시 그 시기에 배워야 한다고 생각한다. 최근 나는 동창회에서 선생님을 만나 뵙고 깨달았다. 사카쿠라 선생님이 아니면 저 작품을 가르칠 사람이 없을 거란 생각이 들 만큼 작품과 잘 어울리는 분이라는 것을.

고3 동창회 멤버는 갈수록 줄어가는 추세다. 최근 당시 응원단을 했던 학생들이 붉은 깃발과 북을 가져와 응원가를 불러주었다. 그날 어찌나 눈물이 났는지! 소중한 동창생들이 줄어간다는 사실이 안타깝기만 하다.

교토대학교 1학년 때 나는 물리학을 전공했다. 당시 와다 선생님에게 미분과 적분, 미분방정식을 배웠다. 선생님은 늘 교탁 양 끝에 손을 짚고 '이것은 확실하다!'라며 눈이 튀어나올 듯 강조하시곤 했다. 영국 신사와 같은 몸놀림과 흔들리지 않는 신념이 배어 있는 겸허한 태도가 우리의 마음을 끌었다. 2학년 이후 내가 수학과로 전과를 결심하게 한 원인 중 하나가 와다 선생님이었다.

소노 선생님은 내 고등학교 선배이자 머리가 좋기로 유명한 분이셨다. 강의도 소문이 자자했다. 선생님은 기본과 원칙을 중시하는 분이었다. 문제를 풀다가 막히면 정의까지 돌아가서 원론부터 차근차근 설명하는 방식이었다. 나는 발을 삐끗하면 안 된다는 생각으로 소노 선생님의 설명에 귀를 기울이곤 했다. "발을 삐끗하면 안 된다"라는 말도 선생님에게 들은 것이다. 나는 고등학교 동창들과 함께 외국에서 돌아오신 소노 선생님과 물리를 가르쳐 주셨던 다마키 선생님을 위한 파티를 열었다. 대학에 들어가고 얼마 지나지 않아서였다. 그 자리에서 두 분이 함께 이세 해안가에서 책을 읽으며 며칠간 함께 지냈다는 이야기를 들었다. 그 모습이 지금도 생생히 떠오른다.

기하학을 가르쳐 주셨던 니시우치 선생님도 떠오른다. 소노 선생님과 정반대에 서 계셨던 분이다. 그분에게는 아이디어란 무엇인가를 배웠다. 선생님 댁을 찾아가 이야기를 나눌 때였다. 내가 중학교 3학년 무렵 기쿠치 다이로쿠가 번역한 『수리석의』를 재미있게 읽었다는 이야기를 했더니 선생님은 내 말에 깊이 공감해주셨다. 선생님 역시 그 책과 특별한 인연이 있다고 했다. 그 책 덕분에 수학의 길로 들어서게 되었다는 거였다. 선생님은 내가 2학년 때 〈헬름홀츠의 자유운동도의 액션에 대하여〉라는 수업을 해주셨다. 너무 어려워 반쯤 넋이

나가 있었지만, 그래도 상당히 재미있었다.

카와이 선생님의 수업은 독특했다. 선생님은 재미있는 수학자들의 일화를 종이에 써서 다양한 봉투에 넣어두고, 강의 도중 학생 한 명을 지목해 그 봉투를 열고 읽게 하는 식으로 수업을 하셨다. 인상 깊은 방식이었다. 그 덕분에 많은 수학자의 전기를 접할 수 있었다. 카와이 선생님은 흠 잡을 데 없는 분이었다. '천의무봉(天衣無縫)'이라고 할 정도로 올곧은 분이기도 했다. 학창시절의 스승들을 떠올리다 보니 저마다 나름대로 특징을 지니고 계신다는 사실이 흥미롭다. 제각각 다른 특징을 지녔지만 모든 수업이 흥미로웠다고 말할 수 있다.

프랑스 유학 시절, 쥘리아 선생님께는 '수학의 리듬', 즉 수학에 운율이 있다는 걸 배웠다. 프랑스 수학계에서 상을 받은 선생님의 논문에는 길게 설명해야 할 곳은 길게, 짧게 설명해야 할 곳은 짧게 기술되어 있었다. 그 논문은 조각판처럼 묵직했다. 선생님의 논문을 읽고 '이것이 라틴문화의 한 면이구나' 생각하며 감탄하곤 했다. 선생님의 저서인 『일가(一價) 함수론』(Leçons sur les fonctions uniformes)은 뚜렷한 특징을 가지고 있었다. 마침표와 쉼표, 콜론과 세미콜론을 자연스럽게 사용하여 마치 같은 시간적 감각을 공유하려고 하는 느낌을 낸다는 점이다. 나는 논문을 쓸 때도 선생님의 저서를 참고 삼아 연습해 완급 조절을 표현하려 애썼다.

직간접적으로 내게 배움을 준 수학자의 이름을 모두 쓰고 싶었으나 내가 지닌 한계로 그리 하지 못함을 아쉬워한다. 다카기 데이지(1875~1960. 유체론으로 잘 알려진 일본의 수학자_옮긴이) 선생님이 쓰신 『아벨과 갈루아』만은 꼭 읽어보았으면 한다. 선생님의 오사카 강연을 수록한 『과도기의 수학』이라는 책도 재미있다. 이 책에서 배운 점이 많다.

벗으로는, 같은 고등학교와 대학을 나와 그 후 같은 길을 걸어온 도쿄 교육대 교수 아키즈키 야스오가 있다. 그와 알게 된 지 40년이라는 세월이 흘렀다. 직업상으로도 비슷한 위치에 있으므로 단순한 친구를 넘어서는 관계라고 할 수 있다. 내가 여러 상을 받기 전에도 가장 먼저 여기저기 추천해주고 발에 땀나도록 뛰어다녀준 절친이기도 하다. 정작 본인은 그런 고생을 아무렇지 않게 여긴다.

나는 사람들 사이에 나서는 걸 싫어하는 성격이었지만 아키즈키는 그 반대였다. 그런 터라, 수학 관련 새로운 정보를 아키즈키를 통해 듣는 경우가 많았다. 최근에는 달 탐사 로켓을 쏘아 올리는 데 계산기가 많은 도움이 되었다는 소식도 들려주었다. '기계가 할 수 있는 일은 기계에게 맡겨버리자'라는 생각을 하게 된 것도 그 후의 일이었다.

또 다른 친구로는 같은 고등학교를 나온 물리학자 가와타 스에키치가 있다. 그는 다이호쿠 제국대학(1928년, 일본 제국이 타이완 타이베이시에 설립한 중화민국 국립대학. 1945년에 중화민국이 이 대학을 인수하면서 '국립 타이완대학'으로 변경됨_옮긴이)에서 교수로 재직하다가 종전 후에는 교토대학 공학부로 옮겼다. 지금은 고난대학에서 학생들을 가르치고 있다. 가와타에게는 아키즈키와 달리 자존감을 찾아보기가 어렵다. 절대로 정치가가 될 수 없다고 생각한 인물이기도 하다. 내가 살면서 그토록 자존감이 약한 사람은 처음 봤다. 재미있게도, 그 점이 우리가 오랫동안 변치 않고 사귀게 된 비결이기도 하다.

대학을 졸업하고 얼마 지나지 않았을 때였다. 나는 가와타, 그리고 또 한 명의 친구와 함께 이야기를 나누며 이곳저곳 돌아다녔다. 히에잔을 따라 걷다가 비와코 근처까지 간 적도 있었다. 또 한번은 야마자키 부근까지 걸어간 적도 있었다. 이야기를 나누기 위해 걷는 것인지, 걷기 위해 이야기를 나누는 것인지 모를 정도로 즐거운 시간이었다. 우리는 걷는 내내 많은 이야기를 나누었다. 한 사람이 이야기를 시작하면 상대방은 끼어들지 않고 묵묵히 들어주었다.

최근 그가 나라여대에 강사로 초빙되어 왔다. 우리는 옛 기억을 떠올리며 두런두런 이야기를 나누었다. 그는 내게 다이호쿠 제국대학에서 근무하던 시절의 이야기를 들려주었다. 그는 방사능을 측정하는 가이거 계수관을 들고 실험실에 들어간 적이 있다고 고백했다. 한참 뒤 갑자기 생각이 난 듯 제자가 가이거 계수관을 들고 갔고 자기는 그 뒤를 따라 들어간 것뿐이라고 정정했다. 내용 자체는 크게 다르지 않지만 한 사람이 낸 수치를 많은 사람이 이용하는 실험물리학의 특성상 사소한 내용이라도 틀리면 안 된다는 직업 정신이 발동한 것이 아닌가 싶다.

아키즈키와 가와타가 정반대 성격이라고 했던가? 나로 말하자면, 자기 생각을 주장할 때는 아키즈키, 평소 생활습관은 가와타와 비슷한 것 같다. 정반대 성격인 두 친구와 두루 친하고 무리 없이 사귈 수 있는 비결이 여기에 있는 게 아닐까 싶다.

그 시절의 스승과 벗들을 하나하나 떠올리자니 그리움이 밀물처럼 밀려들고 한동안 상념에 젖게 된다.

해제

'정서'를 중시한 천재 수학자 오카 기요시의 학문과 인생

1.

일본인은 지금까지 뛰어난 수학자를 여럿 배출했다. 오카 기요시는 그중에서도 가장 빼어난 인물이다. 오카 기요시가 활약하던 시절에 필즈상(4년마다 개최되는 세계수학자대회에서 수여되는 상으로, 메달과 함께 수여되므로 '필즈 메달'이라고도 불린다. 수학자들은 필즈 메달을 가장 영예로운 상으로 여기는데, 그런 의미에서 이 상은 '수학의 노벨상'으로 불리며 권위를 인정받고 있다._옮긴이)과 같은 국제적인 명성을 가진 수학상이 있었다면 그는 프랑스의 앙리 카르탕(Henri Paul Cartan,

1904~2008)과 함께 이 상을 받는 영예를 누렸을지도 모른다. 오카 기요시의 연구는 그 정도로 독특하고도 특출했다.

오카 기요시의 연구는 두 가지 측면에서 인상적이며 주목할 만하다. 하나는 국제표준이라는 관점에서 보아도 매우 우수하다는 점이다. 그의 전문분야는 '다변수 해석함수론'이었다. 그러나 그 안에서 그가 발견한 '부정역(不定域) 아이디얼'이라는 아이디어는 지금껏 해결하지 못한 수학적 난제들에 관한 해답을 얻는 데 탁월한 실력을 발휘했다.

오카 기요시의 이런 아이디어에 자극받은 앙리 카르탕은 오카의 이론을 '층(sheaf)'이라는 알기 쉬운 개념으로 바꾸어 설명했다. 거기서부터 수학의 새로운 분야가 만들어졌으며, 대수기하학과 초관수론, 소립자론 분야는 이 개념 없이는 설명조차 안 될 정도로 중요한 위치를 차지하게 되었다. 오카 기요시의 아이디어는 지금 이 순간에도 끊임없이 새로운 생명력을 발휘한다.

다른 한 가지 측면은 그의 연구가 '자연 수학'이라는 한발 더 나아간 미래지향적 사고와 이어져 있다는 점이다. 근대 수학의 국제표준은 서구 중심으로 돌아갔다. 오카 기요시는 서

구 중심 수학에는 '정서가 충분하지 않다'는 확신을 가지고 있었다. 여기서 그가 언급한 정서란 수학을 만들어내는 모체의 역할을 하는 '자연'을 의미한다.

수학은 인간의 뇌에서부터 만들어진다. 그 뇌는 뇌만 존재하는 추상적 환경에서는 살지 못하며 구체성을 가진 신체에서 활동한다. 그 신체는 자연과 직접 연결되어 새로운 차원의 자연을 이룬다. 자연이라는 모체로부터 자신을 분리한 시점에 이미 구체성을 잃은 서양 수학은 사람들에게 자신이 홀로서기를 할 수 있다는 추상적인 환상을 심어왔다.

수학을 이루는 수와 논리는 인간의 신체를 매개 삼아 살아간다. 인간의 구체적인 경험이 없었다면 수학 역시 만들어질 수 없었을 것이다. 인간은 자신의 경험을 '메타포(은유)' 기법을 사용하여 조직화한다. 수학은 그 신체성과 메타포를 만들어내는 신경 네트워크 기능과 떼려야 뗄 수 없는 밀접한 관계를 맺고 있다. 아무리 추상적인 사고를 한다 하더라도 수학 내부에서는 이와 같은 '수학의 자연'이 활발하게 작용한다. 그 세밀한 과정을 알아내는 것은 자연 수학 분야가 감당하고 주도적으로 이끌어가야 할 일이다.

오카 기요시가 생각한 '정서적 수학'은 참신하고도 혁신적인 개념이다. 또한, 그의 최대 발견이라고 할 수 있는 '부정역 아이디얼'은 수학을 자연화하는 데서부터 고안되었다.

우리는 수를 수직선 위의 점으로 인식한다. 이런 방식으로는 크기를 파악할 수 없다. 층의 개념에서는 수를 두 개의 다른 영역의 교집합으로 인식한다. 이는 수학의 자연인 뇌 내 메타포 과정 그 자체를 새로운 수의 개념으로 제시한 것이다.

오카 기요시는 이런 개념을 프랑스어로 표현했다. 하지만 그 논문을 읽어보면 프랑스어로 기술되어 있음에도 불구하고 세이 쇼나곤(일본 헤이안 시대의 여류 작가_옮긴이)이나 나쓰메 소세키가 쓴 문학 작품을 읽는 것이 아닌가 하는 착각에 빠지게 된다. 논문 내용의 혁명성에 경탄한 앙리 카르탕은 프랑스 수학 잡지에 논문을 발표할 때 자신의 논문에서 '정서적'이라는 부분을 삭제할 정도였다.

오카 기요시가 고안한 '정서적 수학'이라는 개념은 21세기에 들어서서 비로소 진가를 인정받았다. 수학의 인지 과학적 연구나 범주론 같은 새로운 분야의 최종 목적지는 오카 기요시가 제창한 정서적 기초를 탐구하는 것이다. '부정역 아이디얼'이 세계 표준의 수학에 흡수되어 자취를 감춘다 해도 그의 수학적 사상은 영원히 많은 젊은 수학자의 관심을 끌 것이다.

2.

독자들이 아는 오카 기요시는 단순한 수학자가 아니다. 『수학자의 공부』 출판을 통해 많은 사람이 저마다 색다른 오카 기요시를 발견할 수 있게 되었기 때문이다. 그는 다변수 함수론 분야의 최대 난제인 '3대 문제'를 해결하는 등 수학 분야에서 세운 업적을 인정받아 문화훈장까지 받은 저명한 인물이다. 일반인들은 그의 수학적 지식을 무슨 말인지 거의 알아듣지 못하는 외국어처럼 받아들인다. 그러면서도 그들은 오카가 말하는 문화론이나 교육론에는 많은 관심을 기울인다.

이 책은 독특하고, 통찰력으로 넘쳐나며, 재미있다. 애초 마이니치신문에 연재된 것으로, 1963년에 첫 출판되자마자 단숨에 베스트셀러 자리에 올라 오카 기요시라는 인물을 대중에 널리 알리는 데 기여했다. 그 무렵 중학생이었던 나도 이 책의 매력에 흠뻑 빠져 진지하게 수학자가 되고 싶다고 생각할 정도였다.

『수학자의 공부』는 “인간의 중심을 이루는 것은 정서다”라는 짧은 문장으로 시작한다. 오카 기요시는 이 책에서 동양의 특성이 정서에 기반을 두고 있다는 점을 언급하면서 그것이 얼마나 아름다운 심정을 낳았는지를 여러 관점으로 바라보고 사유한다. 그는 전후의 새로운 교육제도가 정서 교육을 어떤 식으로 홀대해왔는지, 또 그것이 어린아이들의 창조성을 얼마나 심각하게 갉아먹는지를 논하며 경종을 울린다. 당시에는 오카 기요시와 비슷한 의견을 가진 사람들이 적지 않았다. 그 덕분에 오카의 의견은 특히 교육 문제에서 많은 사람에게 공감을 불러일으켰으며 폭넓게 받아들여졌다.

이 책을 세밀히 읽어보면 오카 기요시가 '정서 구조'라는 개념에 관해 또렷한 인식을 가지고 있었음을 알 수 있다. 단편적인 서술을 통해서나마 명쾌하게 설명되어 있어 수학을 잘 모르는 일반인도 구조의 핵심을 이해하는 데 큰 어려움이 없을 정도다. 책에 다음과 같은 서술이 있다.

> 수학과 물리학이 비슷하다고 생각하는 사람이 적지 않다. 그러나 수학은 물리학과 다르다. 직업을 가진 사람에 빗대어 말하자면 수학자는 씨를 뿌려 곡식을 수확하는 농부다. 무에서 유를 만든다.

수학자는 종자를 잘 골라 밭에 뿌리고 싹을 틔워 크게 자랄 때까지 지켜보는 사람이다. 크게 잘 자랄지 그렇지 않을지는 종자에 달려 있다. 그에 반해 이론물리학자는 '소목장이'에 가깝다. 비유하자면 그는 가공업에 종사하는 사람이다. 다른 사람이 만든 재료를 조합하여 뚝딱 다른 도구를 만드는 사람이다.

수학자는 '농부'에 가깝고 이론물리학자는 '소목장이'와 비슷하다고 오카 기요시는 말한다. 수학자는 땅을 경작하고 씨앗을 뿌릴 뿐 중요한 것들은 땅이나 물, 기온, 습도, 태양을 망라하는 '자연'이 알아서 해준다. '자연'은 농부인 수학자가 뿌린 씨앗에 수분과 양분을 적절히 공급해 발아하도록 돕는다. 이로써 무에서 유가 만들어진다.

이론물리학자는 농부인 수학자와는 근본적으로 다른 정체성을 갖는다. 그는 이미 존재하는 개념을 가공하여 다른 형태로 재가공하는 직업의 사람이다. 그런 맥락에서 이론물리학자는 '소목장이'와 비슷하다.

오카 기요시의 이러한 관점은 중농주의를 중심으로 사상을 전개한 경제학자 케네(François Quesnay, 1694~1774)의 그것과 비슷한 면이 있다. 케네는 농업은 '자연의 무상증여' 덕분에 무에서 유의 창조가 가능할 뿐만 아니라 부의 증식으로 이어진다고 보았다. 그런 반면 소목장이나 상인, 유통업자 등의 직업에는 농업과 같은 자연의 무상증여가 관여하지 않는다고 주장했다. 그것은 유에서 다른 형태의 유로 변하는 과정이므로 진정한 부의 증식이 이루어지지 않는다고도 했다.

이처럼 케네는 농업과 소목장이나 상인 등의 일을 구별함으로써 난해한 경제 문제를 풀어나가고자 했다. 케네가 주창한 '자연의 무상 증여'라는 개념을 적극적으로 받아들이고 응용·접목한 것이 오카 기요시의 '정서'라는 개념이다. 소목장이나 컴퓨터에는 자연이 부여하는 것을 받아들이는 데 소용되는 사고회로가 없다.

오늘날 인간보다 돈을 중시하는 자본주의가 자신의 몸집을 키우며 점점 더 막강한 존재가 되어가고 있다. "인간의 중심을 이루는 것은 정서다"라는 말에도 암시되어 있듯 '정서'라는 통로를 잃은 인간은 '중심'을 잃은 존재가 되어간다.

'정서 구조'란 자연이 인간에게 부여하는 것을 잘 받아들이며 살아가기 위한 통로의 구조로서 인간이 올바르고 아름다운 삶을 살게 해준다. 그렇지 못하더라도 최소한 자신이 무엇을 하는지 이해하지 못하는 사태로는 번지지 않는다.

오카 기요시는 이 책 『수학자의 공부』를 통해 궁극적으로 무슨 말을 하고 싶었을까? 갈수록 물질문명이 고도화하고 대립과 갈등이 첨예화해가는 자본주의 사회가 멸망의 길을 걷지 않으려면 인간 문화가 '정서 구조'를 바탕으로 완전히 새롭게 재창조되어야 한다는 메시지를 전하고 싶었던 게 아니었을까?

나는 이 책 『수학자의 공부』가 현대인의 필독서가 되어야 마땅하다고 생각한다. 지금 이 순간에도 정서 구조의 파괴가 심각한 수준으로 일어나고 있기 때문이다. 우리는 갈수록 정체성의 혼란을 겪고 있고 자존감을 잃어가고 있다. 우리는 다시 '농부'의 정체성과 심성을 회복해야 한다. 그리하여 '정서'에 기반한 학문인 수학을 즐겁게 배우며 아름다운 자연의 목소리로 노래를 불러야 한다. '정서 구조'가 살아 있는 곳에 진정한 배움이 존재할 수 있기 때문이다.

_ 나카자와 신이치(인류학자)